dtv

Die Jungianische Therapeutin Verena Kast versteht die Märchen als symbolische Darstellungen von allgemeinmenschlichen Problemen. In ihnen haben sich die Menschheitserfahrungen aus Jahrhunderten niedergeschlagen – daher lassen sie sich so deuten, daß sie auch für den modernen Menschen hilfreich sind. Da viele Märchen uns in unsere Kindheit zurückführen, können wir durch sie unsere Lebensgeschichte besser verstehen lernen. Verena Kast analysiert hier fünf Märchen, in denen es um Konfliktsituationen in der Familie geht: um das Inzestproblem in «Allerleirauh», um das Problem der Kinderlosigkeit in «Vom Kälberlkönig», das Stiefmutterproblem in «Das Erdkühlein», um verwaiste Kinder in «Das Mädchen mit den goldenen Zöpfen» und um die Ablösung von den Familienkonventionen im «Eisenhans». Die erfahrene Familientherapeutin vergleicht diese Märchen mit ähnlichen Fällen aus ihrer Praxis und findet die in den Märchen verborgenen Konfliktlösungen.

Verena Kast, geboren 1943 in der Schweiz, studierte Psychologie, Philosophie und Literatur und ist heute Professorin für Psychologie an der Universität Zürich, Dozentin und Lehranalytikerin am C. G. Jung Institut und Psychotherapeutin. Veröffentlichungen u. a.: «Wege aus Angst und Symbiose» (1982), «Mann und Frau im Märchen» (1983), «Märchen als Therapie» (1986), «Imagination als Raum der Freiheit» (1988), «Die Dynamik der Symbole» (1990), «Die beste Freundin» (1992) und «Neid und Eifersucht» (1996).

Verena Kast
Familienkonflikte im Märchen

Eine psychologische Deutung

Deutscher Taschenbuch Verlag

Weitere Titel der Autorin
im Deutschen Taschenbuch Verlag auf Seite 133

Ungekürzte Ausgabe
Januar 1998
Deutscher Taschenbuch Verlag GmbH & Co. KG, München
© 1984 Walter-Verlag AG, Olten
ISBN 3-530-42102-2
Umschlagkonzept: Balk & Brumshagen
Umschlagbild: © Monika Fioreschy
Gesamtherstellung: C. H. Beck'sche Buchdruckerei, Nördlingen
Gedruckt auf säurefreiem, chlorfrei gebleichtem Papier
Printed in Germany · ISBN 3-423-08422-7

INHALT

Vorwort 7
Einführung 8
Allerleirauh 15
Vom Kalberlkönig 35
Das Erdkühlein 61
Das Mädchen mit den goldenen Zöpfen 82
Der Eisenhans 104
Bibliographie 131

VORWORT

Die Märcheninterpretationen dieses Bandes wurden 1983 auf den Lindauer Psychotherapiewochen vorgetragen. Die Folge stand unter dem Thema: «Familienkonstellationen und ihre Dynamik im Märchen».

Ich bedanke mich bei allen, die mir erlaubt haben, ihre Geschichten im Rahmen dieser Vorträge und dieser Publikation zu schildern.

St. Gallen, im Juli 1983   Verena Kast

EINFÜHRUNG

Die meisten Märchen gehen von einer bestimmten Familienkonstellation aus, aus der heraus der Märchenheld oder die Märchenheldin einen Entwicklungsweg antreten, durch den der Mangel, der sich in der Familiensituation zeigte, überwachsen wird. Der Weg des Märchenhelden kann modellhaft gesehen werden, als Entwicklungsprozeß aus bestimmten, krisenhaften Konstellationen heraus, in dessen Verlauf die Entwicklungschancen entbunden werden.
Es geht im Märchen weniger um die Problematik innerhalb einer Familie als vielmehr um den Weg, der von einer Familie – der Ursprungsfamilie – zur neuen Familie führt, die man selbst gründet. Ich werde also die Märchen unter dem Aspekt der Familienkonstellation, der Schwierigkeiten, die sich daraus ergeben, aber auch der Entwicklungsprozesse, die das Märchen vorschlägt, ansehen.
Es wird deshalb bei diesen Märcheninterpretationen auch vor allem um Ablöseprozesse, Wandlung und neue Bindungsprozesse gehen, Ablöseprozesse, die meistens dadurch zustande kommen, daß das, was im Familiensystem gefehlt hat und was jetzt zum Leben benötigt wird, damit es weitergehen kann, integriert wird. Meistens ist das etwas, das das ursprüngliche Familiensystem als unerwünscht hingestellt hat, es ist etwas Schattenhaftes.
Durch die Integration oder durch das Aushalten des Lebens angesichts des Schattens entsteht ein neues System, das

dann natürlich auch wieder etwas ausspart. Jedes System spart etwas aus, jedes System ist einseitig, und gerade dadurch ergibt sich eine immer neue Dynamik.

Man kann natürlich auch die ganze Familie auf intrapsychische Prozesse hin verstehen: jedes Familienmitglied ist ebensosehr in unserer Phantasie vertreten als in der Realität, und oft fragt man sich, welches eigentlich die stärkere Realität ist, unser Bild von den Menschen und die Dynamik, die davon ausgeht, oder schon der Mensch selbst, wie wir im alltäglichen Leben dann mit ihm zusammenleben und zusammenstoßen. In diesem Sinne möchte ich immer auch versuchen, diese Familienkonstellationen als eine bestimmte Entwicklungssituation in einem Menschen zu sehen, mit den dazugehörigen Schwierigkeiten, die auch da als Entwicklungsanreize zu verstehen sind.

Märchen bieten den Vorteil, daß in ihrem Erzählverlauf aus der Krise heraus immer auch ein Entwicklungsweg gezeigt wird; sie sind getragen von der Hoffnung auf Veränderung, auf die Wandelbarkeit des Lebens, getragen aber auch von dem Bewußtsein, daß genügend Kräfte vorhanden sind, um die Situation jeweils zum Besseren zu wenden – man muß die Kräfte nur suchen und finden. Das mag ein Grund dafür sein, daß heute Märchen wieder so sehr beachtet werden. Ein anderer Grund dafür ist der, daß die Märchen in Bildern sprechen, also auch in uns Bilder anregen, unsere imaginativen Fähigkeiten hervorlocken. Märchen sprechen nicht so sehr unser logisches als vielmehr unser ganzheitliches Denken an, unsere Fähigkeit, Zusammenhänge zu erschauen und zu erfühlen, in größeren Zusammenhängen zu denken. Sie sprechen unser rechtshemisphärisches Denken an und entsprechen einem Bedürfnis nach Ganzheitlichkeit, aber auch einem Bedürfnis nach dem nicht ganz Durchschaubaren, Geheimnisvollen, das viele Entwicklungsmöglichkeiten in sich birgt. Es regt an, in größeren Zusammenhängen wahrzunehmen und zu erleben.

Das mag damit zu tun haben, daß sich das vermeintlich Klare und Durchschaubare als auch wieder nicht ganz so klar herausgestellt hat, daß wir uns wieder gerne von Bildern ergreifen lassen, die ihrerseits Bilder und damit auch immer Emotionen, aber auch Gedanken in uns wachrufen. Insofern ist Beschäftigung mit dem Märchen eine möglichst ganzheitliche Beschäftigung mit Fragen der Existenz, der Entwicklung, wie sie sich allen Menschen stellen. Ganzheitlich wird die Beschäftigung vor allem dann, wenn wir uns auf die Bilder als Bilder einlassen und sehen, was sie in uns hervorrufen.

Dabei ist das Märchen von der Überzeugung getragen, daß es für schlichtweg alles eine Lösung gibt, man muß sich nur richtig auf das Problem einstellen.

Oft werden die wunderbaren Lösungen, die das Märchen anbietet, belächelt und als kindisch abgetan; die Beschäftigung mit Märchen, wie sie heute unter sehr verschiedenen Perspektiven geschieht, als «regressiv» betrachtet. Dazu ist zu sagen, daß Regression und Progression wohl einen der fundamentalen Rhythmen menschlichen Lebens darstellen, daß Regression nicht zu vermeiden ist, daß sie bloß nicht zum Ruhekissen werden darf. Ich höre aber im Wort Regression sehr schnell die Mitmeinung: «Das sollte nicht sein.» Wenn wir bedenken, wie sehr wir unser analytisch lineares Denken geschult haben, wie sehr wir es uns angewöhnt haben, in Kausalketten zu denken, wie sehr wir unsere linke (Hirn-)Hemisphäre gebraucht haben, dann ist es wohl an der Zeit, auch die rechte Hemisphäre etwas zu üben, unser Wahrnehmen von Bildern, das Aufsteigen-Lassen unserer Imagination, das Wahrnehmen von größeren Zusammenhängen, das dadurch möglich wird. Damit können wir aber vielleicht auch unsere Probleme in größeren Zusammenhängen sehen, wir sehen sie vielleicht diffuser, aber wir sehen besser, daß und wie alles mit allem verknüpft ist. Diese Erlebnisverarbeitungs- und Sichtweise regt das Märchen an.

Das Erleben in Bildern regt aber auch an, diese Bilder zu deuten, und das wird mit den verschiedenen Märcheninterpretationen versucht. Dabei können Märchen von sehr verschiedenen Perspektiven aus angegangen werden. Tiefenpsychologisch, soziologisch, volkskundlich, germanistisch usw. Jeder Zugang sieht einen Aspekt schärfer, vernachlässigt dafür andere Aspekte. Das gilt auch von meinem Zugang, dem tiefenpsychologischen. Meine Intention ist einmal, durch die Bilder des Märchens die eigenen Bilder des Lesers oder des Märchenhörers ansprechen zu lassen, andererseits die Bilderfolge des Märchens mit psychischen Prozessen, die sich in der Regel ja auch abbilden – in Träumen, in Phantasien, in Plänen –, in Zusammenhang zu bringen (Deutung).

Zusammenfassend ist zum methodischen Hintergrund meiner Arbeit mit Märchen folgendes zu sagen:

In der Jungschen Schule betrachten wir die Märchen als symbolische Darstellungen von allgemeinmenschlichen Problemen und von möglichen Lösungen dieser Probleme. Das Märchen handelt immer von etwas, das den Fortgang des Lebens bedroht – meistens dargestellt in der Ausgangssituation des Märchens –, und es zeigt, welcher Entwicklungsweg aus diesem Problem heraus- und in eine neue Lebenssituation hineinführt. Wir wissen alle, daß dieser Entwicklungsweg in sich jeweils auch noch Umwege, Gefahren, Scheitern usw. birgt. Das sind, jetzt übersetzt, Gefahren, die uns auf unseren Entwicklungswegen genauso drohen wie dem Helden im Märchen. Wir betrachten den Helden gleichsam als Modellfigur, der durch sein Verhalten eine Problemsituation aushält und den Weg beschreitet, der nötig ist, um das Problem zu lösen. Dabei hat es sich bewährt, die «subjektstufige» Deutungsform, wie wir sie von der Trauminterpretation her kennen, mitzuverwenden. Subjektstufige Deutung meint: Jede Figur, die auftritt, kann auch als Persönlichkeitszug des Träumers, hier im Märchen als Persönlichkeitszug der Heldenfigur, aufgefaßt werden. Wenn im Märchen eine weibliche Hauptfigur zum Beispiel auf eine Hexe trifft, dann trifft sie auf ihre eigenen hexenhaften Züge.

Wir beachten bei der Interpretation einerseits die Entwicklungsverläufe, die Wege, die innerhalb eines Märchens zurückgelegt werden, die Situationen, in denen der Held sich aufhält oder aufgehalten wird, anderseits beachten wir natürlich auch die Symbole. Um herauszufinden, was ein Symbol bedeutet, wenden wir die Methode der Amplifikation an: das heißt, wir versuchen, zu einem Märchenmotiv Parallelen beizubringen, dann auch zu sehen, wo immer in der Menschheitsgeschichte dieses Symbol schon eine Rolle gespielt hat – und in welchem Bedeutungszusammenhang es gestanden hat. Über diese Amplifikation wird die allgemeinste Bedeutung eines Symbols evident (1).

Ich werde immer wieder gefragt, weshalb wir die «alten» Märchen verwenden, warum denn moderne Märchen, die uns vielleicht näher sind, nicht gebraucht werden. In den überlieferten Märchen werden typische menschliche Probleme auf eine ebenso typische Weise überwachsen. Der Prozeß des Überwachsens ist wichtig dabei. Vielleicht ist es kränkend, daß wir immer noch dieselben Probleme haben wie Menschen im Mittelalter, aber menschliche Probleme

gleichen sich auch über Jahrhunderte hinweg, wir haben vielleicht nur die Möglichkeit, die Probleme auch anders zu sehen. Das können wir mit der Interpretation leisten.
Die Märchen, wie sie uns in den verschiedenen Sammlungen zusammengetragen sind, stammen alle aus Erzähltraditionen. Das hat den großen Vorteil, verglichen mit den modernen Märchen – von denen es nicht allzuviele gibt –, daß sehr viel Zufälliges durch das Erzählen von verschiedenen Menschen durch die Zeit hindurch aus den Märchen herausgefallen ist, daß die Märchen uns wirklich die Bilder und die Geschichten übermitteln, die für viele Menschen Gültigkeit haben. Wir kennen keine Erzähltradition mehr, unsere modernen Märchen, die jeweils von der Verfasserpersönlichkeit geprägt sind, können nicht durch eine längere Erzähltradition von dem Allzupersönlichen befreit werden.
Auch sprechen uns unsere alten Märchenbilder immer noch an, das bedeutet, daß für uns in ihnen noch immer ein Bedeutungsüberschuß ist, daß sie noch nicht aus-erklärt sind, daß sie uns immer noch anregen und uns etwas bedeuten können. Vielleicht könnte man die Schlußformel «und wenn sie nicht gestorben sind, so leben sie heute noch» auch einmal unter diesem Aspekt betrachten.
Bekanntere Märchen führen uns zudem oft in unsere Kindheit zurück, und indem wir sie neu erleben und verstehen lernen, lernen wir meistens auch ein Stück unserer Lebensgeschichte verstehen. Ich halte die Märchen, die Bücher überhaupt, die unser Leben begleiten, für einen ganz wesentlichen Aspekt unserer Geschichte.
Bilder sind nie eindeutig, und je vielschichtiger diese Bilder werden, je märchenhafter, umso schwieriger ist es, eine eindeutige Bedeutung zu sehen. Das ist aber gerade das Spannende an der Märcheninterpretation, das Anregende.

Man kann ein Märchen immer auch anders interpretieren. Kriterium einer gelungenen, vertretbaren Interpretation ist für mich, daß die Interpretation in sich einen Sinn hat, daß alle Einzelzüge unter dem gewählten Gesichtspunkt ein stimmiges Ganzes ergeben oder daß sie zumindest anregend ist oder zum Widerspruch herausfordert. Eine «richtige» Interpretation gibt es nicht.
Die Märcheninterpretation ist weder das einzige noch der wichtigste Umgang mit dem Märchen. Das Ausphantasieren, das Meditieren und das Gestalten der Märchenbilder scheinen mir mindestens so wichtige Methoden des Umgangs mit Märchen zu sein.
Wie sehr wir uns auch um das Märchen bemühen, ein Teil des in ihm verborgenen Schatzes läßt sich heben, ein Teil bleibt uns verborgen und regt zu immer neuer Auseinandersetzung an. Jede Deutung bleibt An-Deutung.

ALLERLEIRAUH

Es war einmal ein König, der hatte eine Frau mit goldenen Haaren, und sie war so schön, daß sich ihresgleichen nicht mehr auf Erden fand. Es geschah, daß sie krank lag, und als sie fühlte, daß sie bald sterben würde, rief sie den König und sprach «wenn du nach meinem Tode dich wieder vermählen willst, so nimm keine, die nicht ebenso schön ist, als ich bin, und die nicht solche goldenen Haare hat, wie ich habe; das mußt du mir versprechen». Nachdem es ihr der König versprochen hatte, tat sie die Augen zu und starb.
Der König war lange Zeit nicht zu trösten und dachte nicht daran, eine zweite Frau zu nehmen. Endlich sprachen seine Räte «es geht nicht anders, der König muß sich wieder vermählen, damit wir eine Königin haben». Nun wurden Boten weit und breit umhergeschickt, eine Braut zu suchen, die an Schönheit der verstorbenen Königin ganz gleichkäme. Es war aber keine in der ganzen Welt zu finden, und wenn man sie auch gefunden hätte, so war doch keine da, die solche goldene Haare gehabt hätte. Also kamen die Boten unverrichteter Sache wieder heim.
Nun hatte der König eine Tochter, die war gerade so schön wie ihre verstorbene Mutter und hatte auch solche goldene Haare. Als sie herangewachsen war, sah sie der König einmal an und sah, daß sie in allem seiner verstorbenen Gemahlin ähnlich war, und fühlte plötzlich eine heftige Liebe zu ihr. Da sprach er zu seinen Räten «ich will meine Tochter heiraten, denn sie ist das Ebenbild meiner verstorbenen Frau, und sonst kann ich doch keine Braut finden, die ihr gleicht». Als die Räte das hörten, erschraken sie und sprachen «Gott hat verboten, daß der Vater seine Tochter heirate, aus der Sünde kann nichts Gutes entspringen, und das Reich wird mit ins Verderben gezogen». Die Tochter erschrak noch mehr, als sie den Entschluß ihres Vaters vernahm, hoffte aber, ihn von seinem Vorhaben noch abzubringen. Da sagte sie zu ihm «eh ich Euren Wunsch erfülle, muß ich erst drei Kleider haben, eins soll golden wie die Sonne, eins so silbern wie der Mond, und

eins so glänzend wie die Sterne; ferner verlange ich einen Mantel von tausenderlei Pelz und Rauhwerk zusammengesetzt, und ein jedes Tier in Eurem Reich muß ein Stück von seiner Haut dazu geben». Sie dachte aber «das anzuschaffen ist ganz unmöglich, und ich bringe damit meinen Vater von seinen bösen Gedanken ab». Der König ließ aber nicht ab, und die geschicktesten Jungfrauen in seinem Reiche mußten die drei Kleider weben, eins so golden wie die Sonne, eins so silbern wie der Mond, und eins so glänzend wie die Sterne; und seine Jäger mußten alle Tiere im ganzen Reiche auffangen und ihnen ein Stück von ihrer Haut abziehen; daraus ward ein Mantel von tausenderlei Rauhwerk gemacht. Endlich, als alles fertig war, ließ der König den Mantel herbeiholen, breitete ihn vor ihr aus und sprach «morgen soll die Hochzeit sein».

Als nun die Königstochter sah, daß keine Hoffnung mehr war, ihres Vaters Herz umzuwenden, so faßte sie den Entschluß zu entfliehen. In der Nacht, während alles schlief, stand sie auf und nahm von ihren Kostbarkeiten dreierlei, einen goldenen Ring, ein goldenes Spinnrädchen und ein goldenes Haspelchen; die drei Kleider von Sonne, Mond und Sternen tat sie in eine Nußschale, zog den Mantel von allerlei Rauhwerk an und machte sich Gesicht und Hände mit Ruß schwarz. Dann befahl sie sich Gott und ging fort, und ging die ganze Nacht, bis sie in einen großen Wald kam. Und weil sie müde war, setzte sie sich in einen hohlen Baum und schlief ein.

Die Sonne ging auf, und sie schlief fort und schlief noch immer, als es schon hoher Tag war. Da trug es sich zu, daß der König, dem dieser Wald gehörte, darin jagte. Als seine Hunde zu dem Baum kamen, schnupperten sie, liefen rings herum und bellten. Sprach der König zu den Jägern «seht doch, was dort für ein Wild sich versteckt hat». Die Jäger folgten dem Befehl, und als sie wiederkamen, sprachen sie «in dem hohlen Baum liegt ein wunderliches Tier, wie wir noch niemals eins gesehen haben: an seiner Haut ist tausenderlei Pelz; es liegt aber und schläft». Sprach der König «seht zu, ob ihrs lebendig fangen könnt, dann bindets auf den Wagen und nehmts mit.» Als die Jäger das Mädchen anfaßten, erwachte es voll Schrecken und rief ihnen zu «ich bin ein armes Kind, von Vater und Mutter verlassen, erbarmt euch mein und nehmt mich mit». Da sprachen sie «Allerleirauh, du bist gut für die Küche, komm nur mit, da kannst du die Asche zusammenkehren». Also setzten sie es auf den Wagen und fuhren heim in das königliche Schloß. Dort wiesen sie ihm ein Ställchen an unter der

Treppe, wo kein Tageslicht hinkam, und sagten «Rauhtierchen, da kannst du wohnen und schlafen». Dann ward es in die Küche geschickt, da trug es Holz und Wasser, schürte das Feuer, rupfte das Federvieh, belas das Gemüs, kehrte die Asche und tat alle schlechte Arbeit.

Da lebte Allerleirauh lange Zeit recht armselig. Ach, du schöne Königstochter, wie solls mit dir noch werden! Es geschah aber einmal, daß ein Fest im Schloß gefeiert ward, da sprach sie zum Koch «darf ich ein wenig hinaufgehen und zusehen? Ich will mich außen vor die Türe stellen». Antwortete der Koch «ja, geh nur hin, aber in einer halben Stunde mußt du wieder hier sein und die Asche zusammentragen». Da nahm sie ihr Öllämpchen, ging in ihr Ställchen, zog den Pelzrock aus und wusch sich den Ruß von dem Gesicht und den Händen ab, so daß ihre volle Schönheit wieder an den Tag kam. Dann machte sie die Nuß auf und holte ihr Kleid hervor, das wie die Sonne glänzte. Und wie das geschehen war, ging sie hinauf zum Fest, und alle traten ihr aus dem Weg, denn niemand kannte sie, und meinten nicht anders, als daß es eine Königstochter wäre. Der König aber kam ihr entgegen, reichte ihr die Hand und tanzte mit ihr, und dachte in seinem Herzen «so schön haben meine Augen noch keine gesehene». Als der Tanz zu Ende war, verneigte sie sich, und wie sich der König umsah, war sie verschwunden, und niemand wußte. wohin. Die Wächter, die vor dem Schlosse standen, wurden gerufen und ausgefragt, aber niemand hatte sie erblickt.

Sie war aber in ihr Ställchen gelaufen, hatte geschwind ihr Kleid ausgezogen, Gesicht und Hände schwarz gemacht und den Pelzmantel umgetan, und war wieder Allerleirauh. Als sie nun in die Küche kam und an ihre Arbeit gehen und die Asche zusammenkehren wollte, sprach der Koch «laß das gut sein bis morgen und koche mir da die Suppe für den König, ich will auch einmal ein bißchen oben zugucken; aber laß mir ja kein Haar hineinfallen, sonst kriegst du in Zukunft nichts mehr zu essen». Da ging der Koch fort, und Allerleirauh kochte die Suppe für den König, und kochte eine Brotsuppe, so gut es konnte, und wie sie fertig war, holte es in dem Ställchen seinen goldenen Ring und legte ihn in die Schüssel, in welche die Suppe angerichtet ward. Als der Tanz zu Ende war, ließ sich der König die Suppe bringen und aß sie, und sie schmeckte ihm so gut, daß er meinte, niemals eine bessere Suppe gegessen zu haben. Wie er aber auf den Grund kam, sah er da einen goldenen Ring liegen und konnte nicht begreifen, wie er dahin geraten war. Da befahl er, der Koch sollte vor ihn kommen. Der Koch erschrak, wie er den Befehl hörte, und sprach zu Allerleirauh «gewiß hast du ein Haar in die Suppe fallen lassen, wenns wahr ist, so kriegst du Schläge». Als er vor dem König kam, fragte dieser, wer die Suppe gekocht hätte. Antwortete der Koch «ich habe sie gekocht». Der König aber sprach «das ist nicht wahr, denn sie war auf andere Art und viel besser gekocht als sonst». Antwortete er «ich muß es gestehen, daß ich sie nicht gekocht habe, sondern das Rauhtierchen». Sprach der König «geh und laß es heraufkommen».

Als Allerleirauh kam, fragte der König «wer bist du?» – «Ich bin ein armes Kind, das keinen Vater und Mutter mehr hat.» Fragte er weiter «wozu bist du in meinem Schloß?» Antwortete es «ich bin zu nichts gut, als daß mir die Stiefeln um den Kopf geworfen werden». Fragte er weiter «wo hast du den Ring her, der in der Suppe war?» Antwortete es «von dem Ring weiß ich nichts». Also konnte der König nichts erfahren und mußte es wieder fortschicken.

Über eine Zeit war wieder ein Fest, da bat Allerleirauh den Koch wie vorigesmal um Erlaubnis, zusehen zu dürfen. Antwortet er «Ja, aber komm in einer halben Stunde wieder und koch dem König die Brotsuppe, die er so gerne ißt». Da lief es in sein Ställchen, wusch sich geschwind und nahm aus der Nuß das Kleid, das so silbern war wie der Mond, und tat es an. Dann ging es hinauf, und glich einer Königstochter; und der König trat ihr entgegen und freute sich, daß er sie wiedersah, und weil eben der Tanz anhub, so tanzten sie zusammen. Als aber der Tanz zu Ende war, verschwand sie wieder so schnell, daß der König nicht bemerken konnte, wo sie hinging. Sie sprang aber in ihr Ställchen, und machte sich wieder zum Rauhtierchen, und ging in die Küche, die Brotsuppe zu kochen. Als der Koch oben war, holte es das goldene Spinnrad und tat es in die Schüssel, so daß die Suppe darüber angerichtet wurde. Danach ward sie dem König gebracht, der aß sie, und sie schmeckte ihm so gut wie das vorigemal, und ließ den Koch kommen, der mußte auch diesmal gestehen, daß Allerleirauh die Suppe gekocht hätte. Allerleirauh kam da wieder vor den König, aber sie antwortete, daß sie nur dazu da wäre, daß ihr die Stiefel an den Kopf geworfen würden und daß sie von dem goldenen Spinnrädchen gar nichts wüßte.

Als der König zum drittenmal ein Fest anstellte, da ging es nicht anders als die vorigenmale. Der Koch sprach zwar «du bist eine Hexe, Rauhtierchen, und tust immer etwas in die Suppe, davon sie so gut wird, und dem König besser schmeckt, als was ich koche»; doch weil es so bat, so ließ er es auf die bestimmte Zeit hingehen. Nun zog es ein Kleid an, das wie die Sterne glänzte, und trat damit in den Saal. Der König tanzte wieder mit der schönen Jungfrau und meinte, daß sie noch niemals so schön gewesen wäre. Und während er tanzte, steckte er ihr, ohne daß sie es merkte, einen goldenen Ring an den Finger, und hatte befohlen, daß der Tanz recht lang währen sollte. Wie er zu Ende war, wollte er sie an den Händen festhalten, aber sie riß sich los und sprang so geschwind unter die Leute, daß sie vor seinen Augen verschwand. Sie lief, was sie konnte, in ihr Ställchen unter der Treppe, weil sie aber zu lange und über eine halbe Stunde geblieben war, so konnte sie das schöne Kleid nicht ausziehen, sondern warf nur den Mantel von Pelz darüber, und in der Eile machte sie sich auch nicht ganz rußig, sondern ein Finger blieb weiß. Allerleirauh lief nun in die Küche, kochte dem König die Brotsuppe und legte, wie der Koch fort war, den goldenen Haspel hinein. Der König, als er den Haspel auf dem Grunde fand, ließ Allerleirauh rufen. Da erblickte er den weißen Finger und sah den Ring, den er im Tanze ihr angesteckt hatte. Da ergriff er sie an der Hand und hielt sie fest, und als sie sich losmachen und fortspringen wollte, tat sich der Pelzmantel ein wenig auf, und das Sternenkleid schimmerte hervor, Der König faßte den Mantel und rieß ihn ab. Da kamen die goldenen Haare hervor und sie stand da in voller Pracht und konnte sich nicht länger verbergen. Und als sie Ruß und Asche aus ihrem Gesicht gewischt hatte, da war sie schöner als man noch jemand auf Erden gesehen hatte. Der König sprach «du bist meine liebe Braut, und wir scheiden nimmermehr voneinander». Darauf ward die Hochzeit gefeiert, und sie lebten vergnügt bis an ihren Tod.

Dieses Märchen (2) ist bereits in der Urfassung der Sammlung der Brüder Grimm enthalten, es ist zuvor aber auch schon in einem Roman erschienen, wie Rölleke nachweist (3), und ist ein Märchen, das zumindest über ganz Europa verbreitet und besonders auch in Frankreich sehr bekannt ist (4).

Wenn wir uns in dieses Märchen einfühlen, dann mögen wir zunächst Wut auf diesen Vater verspüren, der eine solche Begehrlichkeit seiner Tochter gegenüber entwickelt, vielleicht auch eine Abneigung, denn diese Gefühle der Begehrlichkeit des Vaters für die Tochter sind für uns sehr schwierig, sie sind ja nicht umsonst tabuiert. Es ist aber ebenso denkbar, daß wir uns mit der Königstochter identifizieren, vielleicht spüren, daß ihr Leidensweg, ihr Weg des Durchhaltens, auch unserer sein kann. Ebenso können wir uns aber auch über die Frau aufregen, die dem Manne vorschreibt, was er nach ihrem Tod zu tun hat. Sie konfrontiert uns mit dem Wunsch dessen, der verstorben ist, und diese Wünsche werden ja oft zu Befehlen.

Auch mag sich uns die Frage aufdrängen: hat Allerleirauh zum Schluß nicht doch den Vater geheiratet, war der neue König auch weit genug weg? Das französische Märchen ist da viel klarer: dort verliebt sie sich in einen jungen Prinzen, der wiederum aus Liebe zu ihr ganz furchtbar liebeskrank wird.

Das Märchen beginnt damit, daß die wunderschöne Frau eines Königs stirbt, vor ihrem Tod mit ihm aber noch einen Vertrag schließt: «Wenn du dich vermählen willst nach meinem Tode, nimm keine, die nicht ebenso schön ist als ich und die nicht ebenso goldene Haare hat.» Der König verspricht es. Seine Tochter spielt zunächst noch keine Rolle, nur dieser ungeheure Verlust.

Das französische Märchen ist wortreicher und bildreicher, zu Beginn wird dort erzählt, wie strahlend alles an diesem Königshof war, nicht nur war die Königin so schön wie die Sonne, auch die Tochter war so schön, und alles war so rein, sogar der Esel im Stall gab nie eine Unreinlichkeit von sich, sondern Gold- und Silbertaler.

Im französischen Märchen wird auch beschrieben, wie die Königin es gar nicht ertragen konnte, daß ihr Mann nach ihrem Tod eine andere Frau lieben könnte und – vertrauend auf ihre große Schönheit – sicher war, daß er keine

schönere Frau, als sie es war, finden konnte. Im französischen Märchen wird also klar ausgedrückt, daß die Frau ihren Mann über den Tod hinaus besitzen will, ihm vorschreiben will, was er zu tun hat. In unserem Märchen könnte man ihr immerhin noch zubilligen, daß sie ihn vor einer Dummheit bewahren will.
Und das wird als große Liebe deklariert. In diesem Familiensystem wird zunächst ohnehin «haben» und «lieben» miteinander verwechselt. Die Frau will ihren Mann behalten – auch wenn sie gar nicht mehr lebt, er ist aber auch damit einverstanden, nur eine Frau zu nehmen, die gleich schön oder noch schöner ist als sie. Hofft sie, daß er keine Frau mehr findet, wenn er den Vertrag erfüllt? Ihm geht es offenbar darum, daß er einen gleichwertigen Ersatz bekommt. Beide sehen nicht die Möglichkeit zu einem Neuansatz, den jeder Verlust in sich birgt.
Damit steht der König im Märchen aber nicht allein. Wie oft werden neue Partner mit alten Partnern verglichen, und wie oft beklagt man sich, daß der neue Partner nicht wie der alte sei. Wie oft kann nach dem Tod eines Lebenspartners eine neue Beziehung nicht eingegangen werden, weil der neue Partner mit dem alten verglichen wird, von dem man sich nicht abgelöst hat. Dieses Vergleichen ist das klarste Zeichen dafür.
Auf die Familie bezogen: Das Märchen zeigt, daß hier eine Familiensituation besteht, in der äußerst schlecht losgelassen werden kann, wo halten, behalten, haben eine große Rolle spielen, wo jetzt aber losgelassen werden muß. – Noch allgemeiner ausgedrückt: Es geht ums Festhalten an einem Zustand – wenn er schon gewaltsam verändert wird; es zeigt sich ein Widerstand gegen die Offenheit des Lebens.
Nun bezeichnet das Märchen aber auch die Frau als so

schön, daß «sich ihresgleichen nicht mehr auf Erden fand», zudem hat sie noch goldene Haare, was an sich im Märchen jeweils schon der Inbegriff des Schönen ist. Aber auch im Märchen dauert die Schönheit nicht ewig, das Märchen hat einen ausgeprägten Sinn für Rhythmen, die sich in allem Lebendigem zeigen: auch für diese wunderschöne Frau gibt es Krankheit, gibt es Tod. Ich zweifle allerdings daran, ob diese Königin so schön war. Es muß ein neues Schönheitsideal gefunden werden, das auch Symbol für «gelungenes Leben» ist. Der Schönheit, wie die Märchen sie meinen, entspricht auch eine schöne Seele, eine gute Gesinnung.
Ob sie ahnt, daß ihre Tochter ihr am meisten gleichen könnte? Dürfen wir so weit gehen zu sagen, daß sie die Tochter an den Vater verkuppelt, wie wir es aus manchen Lebensgeschichten kennen?

Ich erinnere mich an eine jetzt dreißigjährige Frau, die sich im Alter zwischen vierzehn und zwanzig immer wieder in das elterliche Ehebett legte, wenn es ihr «schlecht ging», wo der Vater sie dann jeweils in den Armen hielt, sie streichelte, sich sexuell annäherte. Das Mädchen selbst war sehr ambivalent, sie ekelte sich vor dem Vater, fühlte sich aber bei ihm doch am sichersten. Die Mutter hatte jeweils dringend noch etwas zu tun.

Aber nicht nur auf der körperlichen Ebene kommt solches Delegieren vor, Ungelebtes zwischen Mann und Frau in allen möglichen Bereichen kann in die Beziehung Vater – Tochter hineingetragen werden und dann schwierig werden, wenn die Tochter die Mutter ersetzen soll.
Ich möchte mit diesen Äußerungen jetzt keinesfalls provozieren, daß die Väter, die angefangen haben, auch zärtliche Väter zu sein und zu ihren Töchtern wirkliche Beziehungen aufzubauen, nun ängstlich wieder davon ablassen. Zu

bedenken bleibt aber dennoch, daß die Bewunderung der Tochter im allgemeinen wohl leichter zu erringen ist, als die der Frau sich zu bewahren.

Und immer ist dabei auch zu bedenken, daß das ein Thema ist, das eben die Familie als Ganzes betrifft, wie es sich auch in unserem Märchen zeigt: es ist nicht nur eine Frage des Verhaltens des Vaters, es ist ebenso eine Frage des Verhaltens der Mutter, der Beziehung untereinander.

Im Märchen ist die Beziehung zwischen Mann und Frau abgebrochen, sei das nun durch den realen Tod, sei dies symbolisch so zu verstehen, daß die Frau in diesem System ausfällt – um so mehr aber anwesend bleibt durch den Wunsch, den sie als Sterbende getan hat und der wie ein Fluch über dem Leben des Mädchens hängt – und der eine Wandlung fast verunmöglicht. Ihr Leidensweg ist die Auseinandersetzung mit diesem Fluch.

Betrachten wir den König in seinem Trauerverhalten: Er ist lange sehr traurig, und dann beschließen die Räte, daß es so nicht weitergehen kann. Man beginnt sich zu fragen, ob dieser König auch selber etwas beschließen kann, oder ob dieser Vertrag über den Tod hinaus symptomatisch ist: Zeichen dafür, daß er wenig autonom ist, daß für ihn gesorgt werden muß, daß er deshalb so schlecht loslassen kann.

Diese Situation kann auch unter dem Aspekt der unabgeschlossenen Trauerarbeit verstanden werden, wie wir sie häufig kennen von Menschen, bei denen «haben», «behalten-wollen» dominieren. Unabgeschlossene Trauerarbeit in dem Sinne, daß der König zunächst seinen Gefühlen des Trauerns Ausdruck gab: «er war nicht zu trösten», sagt das Märchen. Er hat wohl die Phase der chaotischen Emotionen voll ausgelebt, dann aber den Übergang in die nächste Trauerphase nicht bewältigt, bei der es darum ginge, her-

auszufinden, was der Verstorbene in unserem Leben belebt hat, was die Beziehung zum Verstorbenen in uns geweckt hat, an Lebensmöglichkeiten, Stimulierungen, Entwicklungsanreizen, Empfindungsmöglichkeiten usw., die uns auch der Tod nicht nehmen kann, die Phase, in der es also darum geht, den verstorbenen oder verlorenen Menschen zu integrieren. Diese Erinnerungs-, Auseinandersetzungs- und Integrationsarbeit wird oft nicht geleistet, man möchte stattdessen den Menschen, den man verloren hat, zurückhaben, so wie er war oder noch ein wenig besser unseren Wünschen angepaßt oder eben einen vollwertigen Ersatz. Damit nimmt man sich die Chance, neue Beziehungen mit neuen Anregungen usw. eingehen zu können.
Im Märchen sind es die Räte, die finden, so könne es nicht weitergehen, die den Trauerprozeß abkürzen. Es wären also Schattenaspekte, die den Trauerprozeß, der ja ein Wandlungsprozeß ist, abkürzen, damit aber stören.
Zunächst finden die Boten aber niemanden, der der verstorbenen Königin gleicht. – Als aber die Tochter herangewachsen ist, da entdeckt der König, daß sie es ist, die seiner verstorbenen Frau wie keine andere gleicht, und die auch die goldenen Haare besitzt. Und da fühlt er plötzlich eine heftige Liebe.
Von ihm aus durchaus verständlich: Wenn er seine Frau geliebt hat, die gestorben ist, und jetzt eine Frau heranwächst, die ihr so sehr gleicht, die zudem wohl eben in dem Stadium ist, in dem er sich zum erstenmal in ihre Mutter verliebt hat, ist leicht nachzufühlen, daß dieses Bild der schönen Frau, die in ihm das erstemal Liebe entfacht hat, es auch jetzt wieder kann. Er kann das innere Bild der Frau auf seine Tochter projizieren – und er will die Tochter nun haben. Im französischen Märchen hilft noch ein Priester mit, der sagt, man könnte «den Fall wohl begrün-

den». Begründet habe ich die Zuneigung nun wohl auch, die aber nicht die Verbindung in Fleisch und Blut meinen kann, nicht einmal dann, wenn wir sie symbolisch ansehen: er will ja die Tochter für immer haben und sie dabei festhalten, aber der Vater kann die Tochter nur vorübergehend behalten. Diese Faszination durch die junge Anima müßte ihn nochmals in Bewegung bringen, nicht aber zur Ruhe.

Das Mädchen verläßt in unserer Version den König, wir hören nichts mehr von ihm. In der französischen Version wird der Vater zur Hochzeit geladen – und seine Liebe ist dann wieder eine väterliche, er freut sich über den jungen Prinzen und das schmucke Paar.

Folgen wir dem Märchen: Die Räte erschrecken, die Tochter erschrickt noch mehr, hofft aber, den Vater von seinem Entschluß abzubringen. Mit dieser Haltung weist sie sich bereits als goldhaarig aus: Sie ist sich ihres eigenen Wertes bewußt und weiß sich zu helfen.

Wie geht diese Rettung vor sich? Drei Kleider will sie haben und einen Mantel dazu: ein Kleid so golden wie die Sonne, ein anderes so silbern wie der Mond, ein weiteres so glänzend wie die Sterne und dann noch einen Mantel, für den jedes Tier im Reiche des Königs ein Stück Pelz hergeben muß. Den vordergründigen Grund für diesen Wunsch drückt das Märchen aus: Der Vater wird diese Kleider wohl nicht beschaffen können.

Die Tochter versucht also zunächst, einen Aufschub zu erlangen, läßt sich aber gleichzeitig alles geben, was ihr aus der Situation heraus gegeben werden kann, und das ist nicht wenig: wir kennen diese Sonnen-, Mond- und Sternenkleider aus vielen Märchen, und immer sind sie dazu angetan, die Trägerin in immer noch größerer Schönheit erstrahlen zu lassen. Wie jedes Kleid drücken sie auch etwas vom Wesen der Trägerin aus: Das Sonnenkleid dürfte das ganze Strahlen der Sonne ausdrücken, vergleichbar der Stimmung der aufgehenden Sonne, die gewisse Menschen ausstrahlen. Beim Sonnenkleid geht es um den Ausdruck von Licht und Wärme, um erwärmendes Glänzen und Strahlen. Das silberne Mondkleid betont alles Mondhafte an ihr, das Geheimnisvolle, Zauberische, aber auch den Zusammenhang mit dem Mond als einem Gestirn, das großen Rhythmen unterworfen ist, das man aber auch mit der Fruchtbarkeit in Zusammenhang bringt. Das Sternenkleid ist in andern Varianten ein Kleid, an dem Diamanten hängen, es geht auch hier um das Funkeln und Strahlen, also letztlich wohl um die größtmögliche Ausstrahlung. Der Vater muß ihr diese Kleider verschaffen; durch seine Liebe oder seine Begierde wird sie aufgewertet, bekommt sie eine Wichtigkeit, die ihr nicht wirklich zusteht. Und sie schein es zu wissen, denn sie will auch noch einen Mantel, mit dem sie alle diese Herrlichkeit zudecken kann.

Wenn wir annehmen, daß diese Kleider Symbole dafür sind, daß ihr Vater sie so sehr begehrt und sie dadurch zur schönsten und mächtigsten Frau macht, so schön und so wichtig wie Sonne, Mond und Sterne, und damit auch ausdrückt, daß er wirklich die Sterne vom Himmel holt für sie, daß sie aber auch die ganze Welt ist für ihn, so könnte man den Mantel aus allen Tierfellen als einen Schutz verstehen – jeder Mantel schützt –, der ihr aus der Natur erwächst. Er ist so etwas wie eine zweite Haut, nach der sie dann auch benannt wird, nicht großartig, unscheinbar, aber in seiner Vielfalt doch beeindruckend – hat man doch das Gefühl, daß mit jedem Tier ein Kontakt da sein muß, daß der Mantel an alle Tiere erinnert, die es überhaupt gibt. Schützt Mutter Natur selber sie da? Oder ist der Mantel anders herum zu verstehen als Schutz, der ihr durch den Kontakt mit allem Tierischen, allen tierhaften Nuancen, die in einer so wilden Begehrlichkeit auch liegen, erwächst, und die sie natürlich auch spüren muß? Denn eine solche inzestuöse Begierde kann auch in der Tochter das ganze Spektrum der körperlichen Begierden wecken. Indem sie darum weiß, damit Kontakt gewinnt, ist sie besser geschützt, als wenn sie naiv die Augen davor verschlösse.

Sie bleibt da, solange sie kann, sie holt aus der Beziehung heraus, was es herauszuholen gibt, und dann flieht sie. Hatte sie gehofft, daß der Vater seine Gesinnung wandelt, so daß sie bei ihm hätte bleiben können? Aber sie kann ihres Vaters Herz nicht «umwenden», und so faßt sie den Entschluß zu fliehen.

Einen goldenen Ring nimmt sie mit, ein goldenes Spinnrädchen und ein Haspelchen, die schönen Kleider legt sie in die Nußschale – ein Zeichen dafür wohl, daß diese Kleider als Möglichkeit zu verstehen sind, so wie aus einem Nußkern ein Baum wachsen kann. Den Mantel aber zieht sie an und macht sich schwarz. War sie vorher hell und strahlend, so fängt jetzt für sie als dunkel Gewordene, Angstgeschwärzte, der Leidensweg buchstäblich an, geschützt vom Mantel allein. Sie geht durch die Nacht und schläft dann in einem hohlen Baum, und schläft, bis es Mittag ist. Sie verlängert die Nacht. Ist wohl auch erschöpft, vergleichbar der Erschöpfung in jenen Lebenssituationen, in denen man sich lange bemüht hat, das Gute in einer Situation zu sehen und dabei gehofft hat, daß sich das Schwierige daran wandeln könnte; wo man schließlich einsieht, daß das nicht die richtige Art war, an ein Problem heranzukommen und sich dann doch auf einen neuen Weg macht, aber eigentlich freudlos, niedergeschlagen.

Der Baum am Wege ist uns bekannt aus vielen Märchen,

er bietet Schutz, bietet vor allem auch verlassenen Mädchen Schutz. Der hohe Baum erinnert an den Baum in seinem mütterlichen bergenden Aspekt, er kann nochmals als Mutterbauch aufgefaßt werden, aber es ist keine Rückkehr zur persönlichen Mutter, sondern zum Mütterlichen in der Natur, zu dem, was uns trägt und schützt, wo wir uns getragen wissen: sei dies ein Erlebnis unseres Körpers, der uns ja auch trägt und schützt, sei es das Erlebnis von erholendem Schlaf oder etwa das Gefühl, sich fallen lassen zu können. Große Wandlungen kündigen sich im Märchen oft durch Schlaf, durch die schöpferische Pause an.

Bewußt hat sich die Königstochter zur Flucht entschlossen, sich also entschlossen, aus dem sie gefährdenden Bereich wegzugehen, gefährdend, weil die Verlockung für sie, bei ihrem Vater zu bleiben, doch recht groß gewesen sein dürfte – jetzt aber überläßt sie sich sozusagen dem Schicksal, darauf vertrauend, daß etwas geschehen wird, wenn die Zeit gekommen ist.

Das ist eine sehr typische Haltung im Märchen: der Held oder die Heldin fassen einen Entschluß, führen ihn auch aus – und überlassen sich dann dem Schicksal, darauf vertrauend, daß sich etwas ergeben wird, was den Prozeß weitertreibt.

Und so arbeiten wir eigentlich auch in der Therapie: die notwendigen Entschlüsse, Entscheidungen müssen gefaßt werden, aber dann vertrauen wir darauf, daß sich etwas Neues konstelliert. Und das pflegt auch so zu sein, wenn wir offen sind für Einfälle und nicht ständig etwas «machen» wollen.

Am Mittag – als die Nacht ausgestanden ist –, da kommt ein anderer König und jagt in dem Wald. Allerdings hofft man da für die Königstochter, daß sie wirklich auch weit genug gelaufen sein möchte in dieser Nacht, daß sie auch weit genug vom Vaterkönig weggegangen ist.

Jetzt – und daran meine ich, zeigt es sich, daß sie wirklich in einem andern Königreich ist, in einem seelischen Raum, der nicht mehr unter der Herrschaft des alten Königs, ihres Vaters, steht – bekommt sie einen neuen Namen: «Allerleirauh», Rauhtierchen, wobei im Ausdruck Rauhtierchen eine gewisse Zärtlichkeit unüberhörbar ist, wie denn ja Fell auch überhaupt zum Streicheln einlädt, wenn es nicht zu borstig ist – ein Sternenkleid wohl eher zum Bewundern. Und jetzt zeigt sie auch ihre ganze verletzte Seite, ihre schwache Seite. Mit ihrem neuen Namen dürfte auch ein neues Beziehungsangebot verknüpft sein, das sie jetzt machen kann. Durch seine Begierde hat der Vater die Größenidee des Mädchens von sich als Königin genährt – und jetzt erlebt sie die Kehrseite davon, im Ställchen hinter der Treppe, als niedere Küchenmagd. So mag denn auch der Seufzer zu verstehen sein: «Ach, du schöne Königstochter, wie soll's mit dir noch werden!»

Sie erinnert sich wiederum an ihre andere Seite, an ihre strahlende Seite, die sie aber nun nicht leben kann. Ablösen vom Vater hieß auch, ihre armselige Seite zu sehen, aber auch ihre Fähigkeit, mit andern zusammenzusein, zusammenzuarbeiten. Als Allerleirauh könnte sie auch in ihrem Verhalten eher borstig gewesen sein, so daß man sie nicht behelligte. Nach der Überforderung durch den Vater nun dieses anspruchslose Dasein, scheinbar unter ihrem Wert, in der Küche. Von der Symbolik her wird sichtbar, daß sie sich im Mutterbereich aufhält, daß sie, seit sie aus dem Bereich des Vaters geflohen ist, immer mit mütterlichen Symbolen im Zusammenhang steht: der schützende Mantel, der Baum mit der Höhlung, die Küche, in der gekocht wird und wo sie putzen muß. Dieser Aufenthalt in der

Küche bedeutet, daß sie im Mütterlichen sein muß und sein darf, daß sie nachreifen muß, daß offenbar zuwenig Mütterliches in ihrem Leben war, sei es, daß die Mutter gestorben ist, sei es, daß sie ohnehin schon keine Wichtigkeit besessen hat, weil der Vater so wichtig war, sei es, weil ihre Mutter wenig Mütterlichkeit besaß. Sie darf sich schützen, darf schlafen, sich Ruhe gönnen, muß nichts Besonderes sein, sie kann kochen, also andere verwöhnen, aber sie muß auch putzen, sich entscheiden, welchen «Dreck» sie zulassen will und welcher zu entfernen ist.

Und das ist auch psychologisch der Weg, aus einer so starken Vaterbindung sich herauszuentwickeln: das archetypisch Mütterliche konstelliert sich bei diesen Frauen, es kann erlebt werden, in der Natur, es kann gesucht werden, wo immer es einem erscheint. Die Sehnsucht danach weist meistens den richtigen Weg. Es ist bloß wichtig, daß man in der richtigen Haltung sich diesem archetypisch Mütterlichen gegenüber befindet, daß man erträgt, Natur in der Natur zu sein, daß man die Einfachheit erträgt. Allerleirauh ist hier ein gutes Modell.

Die Analysandin, die ich vorne erwähnte, die eine ambivalente, sexuell gefärbte Beziehung zu ihrem Vater hatte, kam in der Analyse in eine Phase, in der sie träumte, daß sie unter einem Baum lag und ihr große Kräfte zukamen. Dieser Traum zeigt, daß sich der positive Mutterarchetyp konstelliert. Ich ermunterte sie, ihre Phantasien, wie sie zu mehr Energie kommen, wie sie aber auch sich selber besser spüren könnte, zu erfassen und sie auch in die Realität umzusetzen, so gut das möglich war. Diese Frau begann, sich auf Frühlingswiesen zu legen, um die «Kraft der Erde und des wachsenden Grases» zu spüren, sie legte sich unter Bäume, die blühten, um das Aufbrechen der Blüten zu riechen und wahrzunehmen, sie stellte sich an Baumstämme, um den aufsteigenden Saft zu spüren. Alle diese Erlebnisse können verstanden werden als das ganz intensive Nachspüren des Aufbrechens der Natur, der Wiedergeburt aus der Mutter Erde. Sie begann aber auch, vermehrt Kuchen zu backen und diese verschiedenen Menschen zu schenken. So begann sie, sich nicht nur von der Mutter Natur getragen zu fühlen, sie begann auch, sich selber mütterlich zu fühlen. In dieser Zeit hatte sie eine sehr intensive Beziehung zu ihrem Körper, sie spürte ihn als geheimnisvoll lebendig und auch als etwas, das ihr Schutz gab. Sexuelle Bedürfnisse verstand sie als Bedürfnisse, die mit dem Aufbrechen der Natur in engem Zusammenhang stehen und die sie nicht mehr bedrohten.

Als Allerleirauh schon fast daran verzweifelt, daß sie nie mehr ihre strahlende, glänzende Seite leben kann, gibt es da auf einmal ein Fest im Schloß, Zeichen dafür, daß etwas Neues sich entwickelt, daß die Traurigkeit in Freude umschlägt. Eine neue Stimmung durchdringt das Märchen.
Von sich aus nimmt sie jetzt Kontakt mit dem König auf, im Tanz, mit Hilfe der Suppe, die sie für ihn kocht, und mit dem Ring, den sie in die Suppe gibt. Warum darf sie dem König gerade eine Brotsuppe kochen?
Mir scheint, jetzt kann sie beide Seiten von sich zeigen: mit dem Sonnenkleid hat sie ihn bezaubert; die Brotsuppe zu kochen ist dagegen eine mütterliche Geste, sie tut es ja auch als Allerleirauh; mit dem Ring schließlich bietet sie Beziehung an, Verbindung, Gebundenheit. Ring und Kleid verbinden ihre Vergangenheit mit ihrem jetzigen Zustand. Noch kann sie aber nicht dazu stehen. Und man kann sich fragen, weshalb sie sich weiter erniedrigt, dem König sagt, sie sei nur dazu gut, daß man ihr die Stiefel um den Kopf werfe. Weshalb erniedrigt sie sich so? (Diese Aussage steht allerdings in andern Märchenversionen in einem Bedeutungszusammenhang, weil ihr, als Rauhtierchen, wirklich vom Königssohn Stiefel an den Kopf geworfen wurden.) Haben wir es hier mit dem typischen Cinderella-Komplex (Aschenbrödel-Komplex) zu tun, in dem Frauen sich erniedrigen, damit sie dann erhöht werden und wo sie so

leicht unter die Herrschaft eines Mannes geraten, der sie dann erhöht?

Könnte es nicht auch sein, daß sie nicht zu schnell wieder in ihrem vollen Glanz erstrahlen möchte, weil sie dann wieder darauf festgelegt würde und ihre andere Seite vergessen könnte? – Vielleicht hat sie durch des Vaters Begehren Angst vor ihrer erotischen Ausstrahlung und deren Wirkung überhaupt bekommen und kann sie deshalb jeweils nur für einen Moment zulassen.

Beim nächsten Fest bezaubert sie den König wieder und läßt ihn dann stehen, legt ihm aber das goldene Spinnrädchen in die Suppe. Spinnrad und Haspel weisen auf die großen Schicksalsgöttinnen hin, die den Faden des Schicksals spinnen. Sind sie Zeichen dafür, daß hier das Schicksal am Werk ist? Andrerseits gibt Allerleirauh auch einfach das in die Suppe, was sie zu geben hat, um den Kontakt mit dem König nicht abbrechen zu lassen.

Beim dritten Fest aber wird der König aktiv und steckt ihr den Ring an den Finger; sie kann sich auch nicht ganz schwärzen – die Zeit ist vorbei, sie ist erkannt. Auch kann sie das Sternenkleid nicht mehr ausziehen; jetzt trägt sie beides, das Sternenkleid und den Allerleirauh-Mantel – und das sind wohl ihre zwei Seiten, die sie wirklich hat, und so erkennt sie der König und will sie zur Frau haben.

Wenn ihr Mantel aus Pelz allerdings auch mit den sexuellen Erfahrungen, die sie mit ihrem Vater machte, zu tun hat, die ja schuld daran sind, daß sie sich nachher versteckt, ihre Werte nicht mehr zeigt, dann hieße das auch, daß der neue Partner sie gerade mit diesem Stück Vergangenheit akzeptieren muß.

Das Märchen bezeugt, sie hätten dann vergnügt miteinander gelebt, bis an ihren Tod. Es soll jedoch eine Allerleirauh-Variante geben, in der gleich nach der Hochzeit die

Auseinandersetzung mit der Mutter des Königs erfolgt, die mit dieser Schwiegertochter nicht einverstanden ist (5). Das wäre durchaus verständlich: mir scheint, daß das Märchen einen Weg zeigt, den diese Frau zurücklegen muß, um sich aus der inzestuösen Situation mit dem Vater, bedingt durch die Abwesenheit der Mutter, zu retten. Sie findet zu einem neuen Partner, der als König und nicht als Königssohn angesprochen wird, und es bleibt das Gefühl, daß er sehr nah beim Vater wohnt, auch wenn er der Vater nicht ist. – Das entspräche einer lebensgeschichtlichen Situation: Wo die Vaterbindung so stark war, der Vater so sehr die Tochter aufwertete, wird das Bild des Männlichen stärker als üblich von diesem Vater mitgeprägt sein.

Wir können Allerleirauh auch als eine Frau sehen, die von einem Vater sehr in Beschlag genommen, in deren Psyche das Väterliche sehr dominierend ist: so dominierend konnte es werden, weil das Mütterliche «gestorben» ist, seine Wirksamkeit eingebüßt oder doch nur so behalten hat, daß die Tochter dem Väterlichen in die Arme getrieben wurde.

Man könnte sich hier eine junge Frau vorstellen, die ganz den väterlichen Werten verhaftet ist, denen des persönlichen Vaters, aber auch denen des kollektiv traditionell Väterlichen – und dabei bei diesen Vätern auch sehr groß herauskommt – glänzt. Sie spürt aber, daß dabei etwas nicht richtig ist, daß sie nicht sie selber werden darf. Sie genießt Glanz und Schutz, den ihr die Situation bietet, doch dann geht sie weg, man könnte das wohl auch Aussteigen nennen, geht in die Natur, geht in sich, wird ganz einfach, vielleicht auch depressiv dabei, und dann konstelliert sich eine andere männliche Seite, mit der sie sorgfältig Kontakt aufbaut, die weniger mächtig zu sein scheint, gemessen an der Begierde des Vaters.

Wenn man Allerleirauh so auffaßt, daß man den Vater symbolisch nimmt, dann würde das Märchen den langwierigen Ablöseprozeß zeigen, durch den eine Tochter von diesem Väterlichen sich wegentwickelt, oder aber allgemeiner: wie überhaupt eine Entwicklung zustande kommt. Dem Väterlichen verhaftet zu sein kann ja auch heißen, dem verhaftet zu sein, was schon immer gegolten hat, und damit nichts Neues, nichts Unverhofftes ins Leben einzulassen, besonders, wenn Vater und Mutter so sehr darauf beharren, das Alte festzuhalten.

VOM KALBERLKÖNIG

Es waren einmal ein König und eine Königin, die hatten keine Kinder, und sie waren sehr traurig darüber. «Ach, hätte ich doch nur ein Kind», sagte die Königin, «wie glücklich wollt ich sein! Ich wäre ja zufrieden, wenn es nur ein Kalberl wäre.» Das war leicht gesagt! Wie aber erschrak sie, als ihr Wunsch wirklich erfüllt wurde. War das ein Unglück! Sie waren Könige und mußten ein Kalberl haben! Schließlich aber trösteten sich die armen Eltern: Ein Kalberl war noch immer besser als gar kein Kind. Im Stall stand gerade eine neumelkende Kuh, die mußte den kleinen Königssohn trinken lassen. Er blieb auch gleich draußen im Stall, und als er heranwuchs, bekam er seinen eigenen Diener, der dafür sorgen mußte, daß ihm nichts abging, was er sich wünschte.

Als das Kalberl sechs Jahre alt war und der Diener es im Kuhstall nach seinen Wünschen fragte, fing es zu reden an: «Du, Diener», befahl es, «sag meiner Mutter, sie soll mich in die Schule schicken! Es ist Zeit, daß ich etwas lerne.» Die Königin erschrak sehr, als sie das hörte. Ihr Mann war ein reicher König, und sie mußte ein Kalberl in die Schule schicken! In ihrer Verzweiflung ließ sie den Schulmeister holen und klagte ihm ihr Leid. «Schickt mir nur Euer Kalberl, Frau Königin!» sagte der Schulmeister. «Ich werde schon darauf achten, daß die Kinder es nicht auslachen. Es kann ja nichts dafür, daß es nur ein Kalberl ist.»

Als das Kalberl in die Schule kam, fragte es der Lehrer, wie es wohl heiße und wie alt es sei. Der Königssohn blieb keine Antwort schuldig und fing gleich fleißig an zu beten und zu lernen. Und wirklich, es dauerte nicht lange, und er war der allerbeste Schüler der ganzen Schule. Mit der Volksschule allein war er aber nicht zufrieden. Er wollte auch auf die Hochschule! «Das wird nicht gehen, mein Kind», sagte die Königin. Sie schämte sich so sehr, daß sie ein Kalberl in die Stadt schicken sollte. Es bat aber so lange und gab keine Ruhe, bis sie es doch schickte, und bald war es gelehrter als die weisesten Professoren.

Als das Kalberl ausstudiert hatte, wartete es eine Zeitlang, dann wollte es ein Ritter werden. Dem König war das sehr unangenehm, und er überlegte sorgenvoll: «Ein Kalberl und ein Roß passen nicht gut zusammen. Das ist doch unmöglich!» Das Kalberl aber gab nicht eher nach, bis ihm der König ein schönes Roß kaufte, das allerfeinste, das er finden konnte, und es ihm schenkte. War das ein seltsamer Anblick, als sich das Kalberl aufhockte und hoch zu Roß daherkam! Die Leute schauten und lachten, aber das Kalberl kümmerte sich nicht um die Leute. Es ritt viel schneller als alle anderen und überholte die tüchtigsten Ritter.

Zwei Jahre wartete das Kalberl nun zu, und eines Tages trat es vor seine Eltern hin und sagte: «Ich möchte heiraten. Helft mir, daß ich eine richtige Braut finde.» Der König erschrak von neuem und dachte im stillen: «Armes Kalberl! Wer wird denn dich schon heiraten?» Weil ihn sein Sohn aber gar so schön bat, brachte er es nicht übers Herz, ihm seinen Wunsch abzuschlagen. Er ging selbst in alle benachbarten Länder und fragte geduldig nach, ob sie nicht eine Braut für sein Kalberl wüßten. Endlich kam er mit einer guten Nachricht heim: «Weit weg in einem fernen Land wohnt ein König, der hat zwölf Töchter. Vielleicht gibt er mir eine als Schwiegertochter.» Sogleich machte er sich reisefertig, packte Essen für sich und das Kalberl ein, und beide ritten miteinander in das fremde Königreich.

Als sie in die Nähe des Königshofes kamen, stieg das Kalberl ab, und der Vater führte es an einem Stricke hinter sich her. Vor dem Haustor ließ er es stehen, als ob es gar nicht zu ihm gehörte, klopfte an und ging hinein. Gastfreundlich nahm ihn der fremde König auf und führte ihn in die Stube. Alle zwölf Töchter waren drinnen. Sie wunderten sich über den Fremden, was er wohl hier wolle und woher er käme. Er verriet kein Wort davon, warum er gekommen war. Wie das so üblich ist, fragte er sie nur, wie es ihnen ginge und ob sie wohl alle gesund seien. «Schlecht geht es uns nicht», sagten sie vergnügt, «und an der Gesundheit fehlt es auch nicht.» Das hätte er auch so wissen können, denn eine hatte frischere rote Backen als die andere.

«Geht jetzt einmal alle hinaus und macht euch an die Arbeit», sagte der Vater endlich, und man sah es ihm an, daß er auf seine Töchterschar stolz war. «Ihr müßt ja nicht alles hören, was ich mit dem Fremden rede.» Als sie allein in der Stube waren, brachte der König sein Anliegen vor: Er hätte ein Kalberl, und das möchte gerne heiraten. «Ist keine unter deinen Töchtern, die du unter die Haube bringen möch-

test?» «Ein Schwiegersohn wäre mir schon recht», sagte der fremde König. «Aber ich glaube nicht, daß eine von meinen Töchtern ein Kalberl zum Manne nehmen möchte. Vielleicht, daß ihn die Jüngste mag, aber sonst wohl keine. Ich will sie alle hereinrufen, wenn du willst, und du kannst sie ja selber fragen.»
Als alle versammelt waren, erzählte er ihnen, daß der Fremde auf Brautschau gekommen sei. Heiraten hätte jede gern mögen. Aber als der arme Vater des Bräutigams die Wahrheit gestand, daß sein Sohn nur ein Kalberl war und sie alle, von der Ältesten bis zur Jüngsten, fragte: «Willst du mein Kalberl zum Mann nehmen?» lachte ihn jede aus, und keine mochte ihn. «Ja, ja», sagte die Jüngste, als die Reihe an sie kam. «Ich nehm ihn schon. Ich bin froh, wenn ich ein Kalberl krieg zum Heiraten.» Wie war der König froh, als er eine Braut gefunden hatte! Voll Freude führte er sie zu seinem Sohn hinaus und sorgte dafür, daß alles zur Hochzeit hergerichtet wurde. So heiratete die jüngste Königstochter den Kalberlprinzen. Nach dem Hochzeitsfest mußte sie Abschied von ihren Eltern und Schwestern nehmen und ihrem Mann und ihrem Schwiegervater in ihr Reich folgen.
Ein bißchen schwer war ihr wohl ums Herz, als sie ihr Vaterhaus verließ, aber sie war froh, daß sie von daheim fortkam und nicht mehr die Vorwürfe anhören mußte, warum sie sich keinen besseren Mann ausgesucht hatte. Zu Hause angekommen, führte das Kalberl sein Weib in das schöne Haus, in dem sie nun miteinander wohnen sollten. Als es Abend wurde, zog es seine Tierhaut aus und verwandelte sich in einen wunderschönen jungen Mann. Das wußte aber niemand außer seiner jungen Frau, denn den ganzen Tag über lief er wieder in Kalbsgestalt umher.
Als die junge Königin eine Zeitlang verheiratet war, bekam sie solches Heimweh, daß sie ihren Mann bat, er sollte es ihr erlauben, ihr Vaterhaus aufzusuchen. «Laß mich doch für ein paar Tage nach Hause gehen», bat sie. «Ich möchte so gerne meine Eltern und Geschwister wiedersehen.» – «Ja, ja, ich will dir deinen Wunsch erfüllen», sagte der Kalberlkönig. «Du mußt mir aber versprechen, daß du mich nicht verrätst. Sonst ist es um unser Glück geschehen. Ich muß fort, und du siehst mich niemals wieder.» – «Ich will unser Geheimnis bewahren», versprach die junge Frau beim Abschied. Sie nahm es sich fest vor, ihr Versprechen zu halten, und machte sich frohen Mutes auf den Weg in ihr Vaterhaus.
Als sie aber zu Hause ankam, schalten sie die Eltern, daß sie ein Kalberl

geheiratet hatte. «Solch eine Schande hast du uns gemacht», sagten sie. «Alle lachen uns aus, wenn sie es erfahren, was für einen noblen Schwiegersohn wir haben. Was hast du uns mit deiner dummen Heirat angetan?» – «Bevor wir ein Kalberl nehmen, wollen wir lieber gar keinen Mann haben», verspotteten sie die Schwestern. «Du bist wohl recht unglücklich mit deinem Kalberl?» – «Nein, nein», rief die junge Königin und vergaß in ihrem Eifer ganz darauf, daß sie versprochen hatte zu schweigen. «Ich hab den allerschönsten Mann, wie es auf der ganzen Welt keinen zweiten gibt.» Und sie erzählte ihnen, daß er sich in der Nacht in einen Menschen verwandelte. «Weißt du was?» sagten die Eltern. «Nimm ihm heimlich die Kalbshaut weg, wenn er am tiefsten schläft, und wirf sie ins Feuer.» – «Mache es nur so», rieten ihr auch die Schwestern. «Dann muß er immer seine wahre Gestalt behalten.»
Als die junge Frau wieder bei ihrem Mann war, gingen ihr die Reden ihrer Eltern und Geschwister nicht aus dem Sinn. «Soll ich auf meine Schwestern hören oder auf meinen Mann?» überlegte sie zweifelnd. «Kann es denn etwas Böses sein, wenn ich die Kalbshaut verbrenne? Es sollen auch die anderen sehen, daß ich ein Recht darauf habe, auf meinen Mann stolz zu sein.» Kurz entschlossen packte sie die Kalbshaut, als er in tiefem Schlaf lag, und warf sie ins Feuer. Prasselnd verbrannte sie in hellen Flammen, und als nur noch ein Häufchen Asche übrig war, erwachte der junge König.
«O weh, was hast du denn getan?» fragte er, als er die Augen aufschlug. «Ich habe nichts getan», stammelte die Unglückliche in ihrer Verwirrung. Wie sehr bereute sie ihre Tat! Aber es war schon zu spät. Sie konnte sie nicht mehr ungeschehen machen. «Jetzt muß ich fort», sagte er traurig. «Ich darf nie wieder zu dir zurückkehren.» Ehe sie ihm noch Lebewohl sagen konnte, machte er sich auf und verließ sie. Wie tat es nun der armen Königin leid, daß sie ihr Glück verscherzt hatte. Sie konnte es nicht glauben, daß er sie für immer verlassen hatte. Aber so sehnlich sie auch auf ihn wartete, er war und blieb verschwunden. «Ach, hätte ich ihn doch nie verraten», klagte sie sich selber an. «Ich will nicht eher ruhen, bis ich ihn wieder gefunden habe.» So lieb hatte sie ihn gewonnen, daß sie ihn nicht vergessen konnte. Traurig verließ sie ihre Schwiegereltern und machte sich auf den Weg, um ihren Mann zu suchen. Aber wo sollte sie ihn finden? Das wußte sie nicht, und niemand konnte ihr einen Rat geben, wen sie auch nach ihm fragte. Ruhelos wanderte sie in die Welt. Die wunden Füße

schmerzten von den steinigen Straßen, aber sie achtete nicht darauf. Als sie schon fast verzagen wollte, kam sie auf ihrem Wege zu der kleinen Sonne. «Ach, liebe kleine Sonne», bat sie flehend. «Hast du nicht meinen Mann gesehen? Kannst du mir nicht sagen, wo er ist?» – «Ich weiß es nicht», sagte die kleine Sonne. «Geh zu meiner Schwester, der großen Sonne, die weiß mehr als ich.» Es war schon Abend, als die junge Königin zu der großen Sonne kam. «Liebe große Sonne», sagte sie zu ihr. «Ich suche meinen Mann. Weißt du nicht, wo er ist?» – «Das weiß ich leider nicht», war die Antwort der großen Sonne. «Vielleicht weiß es mein Bruder, der kleine Wind, der bläst in alle Winkel hinein. Aber sei nicht traurig. Hier hast du eine goldene Gluckhenne. Heb sie gut auf, vielleicht kann sie dir einmal nützen.» Die junge Königin verwahrte die goldene Gluckhenne in ihrem Bündel. Sie dankte der großen Sonne und machte sich auf den Weg zu dem kleinen Wind. «Ach, lieber kleiner Wind», sprach sie ihn an, «hast du nicht meinen Mann gesehen?» – «Ich hab ihn leider nicht gesehen», gab der zur Antwort. «Aber vielleicht kann dir mein großer Bruder, der Sturmwind, helfen. Der kommt viel weiter in der Welt herum als ich.» Er gab ihr einen goldenen Gockelhahn zum Abschied, und die junge Frau tat ihn zu der goldenen Gluckhenne in ihr Bündel. «Du wirst ihn schon noch einmal brauchen können», sagte der kleine Wind.

Die arme Königin gönnte sich keine Ruhe. Sie wanderte zu seinem großen Bruder, dem Sturmwind, und fragte auch ihn nach ihrem Mann. «Ja freilich weiß ich, wo dein Mann ist», sagte der Sturmwind. Er gab ihr ein goldenes Spinnrad mit und sagte: «Das heb nur gut auf und jetzt geh, wohin ich dich treibe. Verlaß dich nur auf mich. Ich werd dich schon hinweisen zu deinem Mann.» Wie froh war die junge Königin, daß sie endlich eine richtige Spur gefunden hatte. Ohne sich weiter um den Weg zu kümmern, ließ sie sich willig von dem Sturmwind treiben und wanderte über Berge und Täler bis in eine Stadt hinein, hin auf den Marktplatz.

Als sie an einem hohen Haus vorüberkam, hörte der Sturmwind auf zu blasen, und die junge Königin wußte, daß sie ans Ziel gekommen war. «Hier in diesem Haus wohnt dein Mann», sagte der Sturmwind. «Ich danke dir, mein lieber Sturmwind», rief die junge Königin aus übervollem Herzen, denn sie meinte, nun sei alles wieder gut. «Freu dich nicht zu früh», mahnte der Sturmwind. «Du mußt ihn dir erst zurückgewinnen. Hier in diesem Haus wohnt eine böse Hexe. Sie hat deinen Mann so verzaubert, daß er ihre Tochter zum Weib genommen und ganz auf dich vergessen hat.» – «Erinnert er sich gar nicht mehr an mich?» fragte die junge Königin traurig. «So bin ich ganz umsonst den weiten mühevollen Weg hierhergewandert?» – «Verzweifle nicht!» tröstete sie der Sturmwind. «Ich will dir sagen, was du tun mußt, um deinen Mann zurückzugewinnen. Aber hör gut zu, damit du nichts vergißt. Stell dich hierher vor das Haustor auf den Marktplatz und biete die goldene Gluckhenne feil. Wenn die Hexentochter sie sieht, wird sie sie haben wollen und dich fragen, was sie kostet. Sag aber, daß du sie für Geld nicht hergibst. Nur wenn sie dich in ihrem Hause in ihrer eigenen Schlafkammer übernachten läßt, kann sie die Gluckhenne haben. Am zweiten Tage trag den goldenen Hahn her und am dritten das goldene Spinnrad. Aber laß dich nicht überreden. Gib auch den Hahn und das Spinnrad nur unter der Bedingung her, daß sie dich in ihr Haus über Nacht aufnimmt.»

Geduldig wartete nun die junge Königin auf dem Marktplatz und hielt die goldene Gluckhenne in der Hand. Als die Hexentochter zum Fenster hinausschaute, erblickte sie die goldene Henne, wie sie in der Sonne funkelte. Sogleich lief sie auf den Marktplatz hinunter und fragte die junge Königin: «Was kostet deine goldene Gluckhenne?» – «Ich verkaufe sie nicht», war die Antwort. «Was immer sie auch kostet, ich muß sie haben», sagte die Hexentochter beharrlich. «Ich mag kein Geld dafür», erwiderte die junge Königin. «Um Geld ist sie mir nicht feil. Aber ich will sie dir schenken, wenn du mich in deiner Schlafkammer übernachten läßt.» Damit war die Tochter der Hexe zuerst nicht einverstanden. Als sich aber das junge Weib zum Gehen wandte und die goldene Gluckhenne wieder mitnehmen wollte, versprach sie ihr, ihren Wunsch zu erfüllen. Nun gut, sie wollte ihr eine Nachtherberge gewähren, aber sie würde schon einen Weg finden, daß ihr Mann die Fremde gar nicht bemerkte.

Voll Freude gab die junge Königin der Hexentochter die goldene Gluckhenne. Kaum konnte sie den Abend erwarten. Sie hoffte sicher, daß ihr Mann sich ihrer wieder erinnern würde, wenn er sie endlich wiedersah. Vielleicht würde es auch möglich sein, mit ihm allein zu reden. Aber ach! Die Hexentochter gab dem Mann einen Schlaftrunk, bevor die junge Königin ihn zu Gesicht bekam, und als sie in die Kammer trat, schlief er so tief und fest, daß er es gar nicht bemerkte. Schadenfroh ließ sie die Hexentochter sogar allein mit ihrem Mann, denn so sehr ihn die junge Königin auch rüttelte, sie konnte ihn nicht aufwecken. Die Nacht verging, und am Morgen mußte sie fort, ehe sie noch ein Sterbenswörtchen mit ihm hatte reden können.

Als er aufwachte, war ihm so seltsam zumute. Es kam ihm vor, als hätte er einen schweren Traum gehabt. Aber er wußte nicht, was ihm geträumt hatte. Am nächsten Tag stellte sich die junge Königin wieder auf den Marktplatz hin. Diesmal hielt sie den goldenen Hahn in ihren Händen. «Der würde gut zu meiner goldenen Gluckhenne passen», sagte die Hexentochter, als sie vorüberkam, und sie wollte so gerne auch den goldenen Hahn haben. «Was kostet er?» fragt sie begierig. «Gar nichts kostet er», antwortete die junge Königin. «Ich verkaufe ihn nicht.»

Weil ihn die Hexentochter aber durchaus haben wollte, versprach sie, das junge Weib auch in der nächsten Nacht in ihrer Schlafkammer aufzunehmen. Vorsorglich braute die Hexe auch diesmal einen so wirksamen Schlaftrunk, daß der Mann auf der Stelle einschlief, als er ihn getrunken hatte. Die ganze Nacht lag er in tiefem Schlafe. Er merkte es nicht, als die junge Königin an seinem Bett gar bitterlich weinte, weil sie nicht mit ihm reden konnte. So fest er auch geschlafen hatte, so seltsam war ihm doch am nächsten Morgen zumute. Er ahnte, daß irgend etwas nicht stimmte. «Heute nacht muß ich wach bleiben», nahm er sich vor. «Ich will am Abend nichts mehr trinken. Ich weiß nicht, was meine schweren Träume zu bedeuten haben. Ich muß der Sache auf den Grund kommen.»

Am dritten Tag trug die junge Königin das goldene Spinnrad auf den Markt. Der Hexentochter ließ es wieder keine Ruhe. Sie wollte das Spinnrad um jeden Preis haben. «Ich verkaufe es nicht», sagte die junge Königin auch diesmal. Als die Hexentochter aber nicht nachgab, überließ sie es ihr endlich, doch auch in dieser Nacht mußte sie ihr ein Plätzchen in ihrer Schlafkammer zurechtmachen. Wie immer wollte auch an diesem Abend die Hexentochter ihren Mann mit einem Schlaftrunk betäuben. Heimlich jedoch verschüttete dieser den Schlaftrunk, ohne daß die alte Hexe und ihre Tochter es merkten. Als die Hexentochter die junge Königin in die Schlafkammer einließ, stellte sich der Mann schlafend und rührte sich nicht. Wohl verstand er jedes Wort, das sie miteinander sprachen, aber er muckste sich nicht, bis er sicher wußte, daß die alte Hexe und ihre Tochter eingeschlafen waren. Als ihn die junge Königin aufzuwecken versuchte, fragte er sie leise: «Wer bist du, und wie kommst du hierher?» – «Kennst du mich nicht mehr?» flüsterte sie. «Ich bin dein erstes Weib, das die Kalberlhaut verbrannt hat.» Sie war so glücklich, daß sie endlich mit ihm reden konnte! Sie erzählte ihm, wie ihr die Sonne, der Wind und der Sturm geholfen hatten und wie sie schon verzweifelt gewesen war, weil er sie nicht gehört hatte. Während sie sprach, fiel es ihm wie Schuppen von den Augen. Er konnte sich wieder an alles erinnern, was geschehen war, und je klarer ihm die Vergangenheit wieder bewußt wurde, desto weniger konnte ihm der böse Zauber der Hexe etwas anhaben. Als die Alte und ihre Tochter aufwachten, ärgerten sie sich, daß ihre List mißglückt war. Was half es ihnen, daß sie den jungen König zurückhalten wollten? Sie hatten ihre Gewalt über ihn verloren. Am nächsten Morgen wanderte er mit seinem lieben Weib in die alte Heimat. War das eine Freude, als sie zu seinen Eltern kamen! Nun war alles wieder gut, und sie lebten glücklich miteinander bis an ihr Ende.

Wie viele andere Märchen beginnt auch dieses (6) damit, daß der König und die Königin kein Kind bekommen und darüber traurig sind. Der Kinderwunsch ist – besonders bei der Königin – sehr groß, sagt sie doch, sie wäre schon zufrieden, wenn sie ein Kalberl hätte. Was mag in ihr vorgehen, daß sie einen solchen Ausspruch tun kann? Ist sie so verzweifelt, will sie um jeden Preis ein Kind? Wir erschrecken natürlich, wenn wir einen solchen Wunsch hören, wir wissen doch, daß das Märchen Wünsche erfüllt.
Wenn im Märchen König und Königin keine Kinder bekommen, dann weist das immer auf ein Problem hin, meistens mit dem Mütterlichen in seinen vielen Erscheinungsformen, mit der Mutter Natur in ihrem schöpferischen, gebärenden Aspekt, im Aspekt der Neuwerdung, der Transformation. Es wäre also wohl wichtig, den Sinn der Kinderlosigkeit, das Problem, zu ergründen, aber das wird nicht getan: Ein Kind muß her, und wenn es ein Kalb wäre.
Aber als das Kalb dann da ist, erleben sie es doch als ein großes Unglück. Die Eltern trösten sich zwar scheinbar schnell: «Ein Kalberl war noch immer besser als gar kein

Kind.» Und sie finden auch eine Lösung. Im Stall steht eine Kuh, die kann das Kalb säugen. Eine Ersatzmutter ist gefunden. Und obwohl hier im Märchen nicht die Rede davon ist, daß das Kind getötet werden sollte, etwa wie in «Das Eselein», dem Parallelmärchen, bleibt doch ein eigentümliches Gefühl zurück: Ich will unbedingt ein Kind haben – und wenn es meinen Vorstellungen nicht entspricht, gebe ich es der Kuh –, das ist vielleicht doch etwas zu einfach.

Die Ausgangssituation in diesem Märchen läßt mich an Paare denken, die um jeden Preis ein Kind wollen, die alles tun, um zu einem Kind zu kommen, und da helfen neue Entwicklungen in der Medizin ja auch mit, denken wir etwa an den Embryo-Transfer. Was nachher mit dem Kind wird, daran denkt man oft zu spät.

Hinter diesen ungeheuer starken Kinderwünschen stecken sehr viele, sehr verschiedene Motive, oft aber eine fixierte Haltung, nun ein Kind *haben* zu wollen, als ob man Kinder je in diesem Sinne «haben» könnte. Und weil man haben will, kann man auch alles machen, um zu einem Kind zu kommen. Im Bereich des Schöpferischen kann man aber nicht bloß «machen». Schöpferische Ereignisse haben etwas von Gnade an sich. Und was dabei herauskommt, können wir nicht planen, sonst ist es nicht mehr schöpferisch.

Zeugung und Geburt eines Kindes sind so eminent schöpferische Ereignisse, daß sie eben letztlich nie ganz in unserer Macht liegen. Wir müssen etwas dazu tun, gewiß, wir müssen aber auch geschehen lassen. Und deshalb wäre es sinnvoll für das Paar, am Ausgangspunkt unseres Märchens den Sinn dieser Kinderlosigkeit zu ergründen, den Schmerz darüber nicht in eine Habenwollen-Haltung verwandeln zu lassen, und deshalb wäre es wohl auch bei

Kinderwunsch-Paaren überhaupt sinnvoll, über den Sinn der Kinderlosigkeit nachzudenken, also mit diesem auferlegten Verzicht schöpferisch umzugehen. Aber gerade das ist oft so schwer, weil ja das ganz reale Kind gewollt ist, kein symbolisches, wie es sich auch etwa in der Erneuerung der Beziehung zeigen könnte.

Wenn das Märchen König und Königin beschreibt als ein Paar, das keine Kinder haben kann, dann heißt das auf einer mehr symbolischen Ebene auch, daß nichts Neues aus dieser Beziehung entstehen kann, daß diese Beziehung in sich unschöpferisch ist. Wenn wir aber unschöpferisch sind, dann kann es dahin umschlagen, daß wir mit Macht etwas «haben», etwas in Besitz bringen und erzwingen wollen.

Wie es typisch ist in einer Situation, in der man mit aller Macht etwas haben will, erklärt man sich hier sogar mit etwas Minderem zufrieden, wenn es dann aber da ist, wird es doch als Unglück erlebt. Mit diesem Ausspruch: «Und wenn es ein Kalberl wäre», denkt die Mutter bestimmt nicht an das Kind, sondern daran, daß *sie* ein Kind haben will. Daß sie das Kalb der neumelkenden Kuh übergeben, es im Stall aufwachsen lassen, könnte bedeuten, daß die Königin dieses Kind, das ja aus menschlicher Perspektive mißgestaltet ist, zwar physisch nährt, aber es seelisch nicht wirklich an sich herankommen läßt, nicht wirklich menschlichen Kontakt mit dem Kind aufnimmt.

Die Kuh ist eines der frühesten Symbole der Menschheit, sie tritt immer auf als die große nahrungsspendende Mutter, aber auf Tierstufe. Sie verkörpert den nährenden Aspekt der großen Mutter; in einem Menschen die Möglichkeit, etwas Kindliches zu nähren, als eine ganz kollektiv mütterliche Geste, die auch bei Männern vorkommt. Sie «bemuttert» einfach – ohne wirkliche Beziehung aufzunehmen.

Wesentlich scheint mir dabei die Distanz zum Kalb zu sein. Das Kalb wäre ein Kind, das vielleicht mißgestaltet ist oder in seinem Benehmen mehr einem Kalb als einem Knaben gleicht, das zwar genährt wird, dem nichts «fehlt» außer dem wirklichen Angenommen-Sein und der rechten Liebe – und dem insofern alles fehlt; das deshalb isoliert aufwächst, zwar in der Stallwärme, aber vorerst nicht bei den Menschen.

Versuchen wir einmal herauszufinden, was es bedeutet, eine solche Kalbshaut zu haben. Dabei ist vielleicht nicht einmal die Kalbshaut so sehr wichtig, sondern die Tierhaut als solche. In einem Parallelmärchen ist ein Knabe oben ein Igel, unten ein Knabe («Hans mein Igel»); in einem andern Parallelmärchen ist der Knabe ein Eselein. Versuchen Sie sich einmal vorzustellen, wie Ihnen zumute wäre, wenn Sie in einer Kalbshaut oder auch in einer Eselshaut oder Wolfshaut stecken würden.

Als ich in einem Kurs mit Märchen so arbeitete, daß wir uns die Schlüsselszenen imaginierten, da waren einige Kursteilnehmer gar nicht unglücklich über die Tierhaut, ja sie wollten sie um jeden Preis behalten, denn eine solche Tierhaut schützt ja auch, darunter kann man sich verbergen, damit kann man die Welt irreführen, damit kann man verhindern, daß die Welt einem zu nahe tritt. Die Eltern sind dem Kalb nicht menschlich nahe gekommen, jetzt soll ihm auch die Welt nicht zu nahe treten, ihn aber auch nicht wirklich sehen und erkennen. Das ist die andere Seite der Tierhaut: man wird nicht erkannt als der, der man ist.

Wenn wir uns unsere Tierhäute vorstellen, die wir haben, die wir vielleicht auch gerne hätten, dann haben wir es wohl doch besser als das Kalberl im Märchen: Wir wissen, daß wir sie ablegen können, daß wir uns nur in bestimmten Situationen benehmen wie ein Kalb, wie ein Wolf, wie ein Igel, daß das aber nicht unsere einzige Verhaltensmöglichkeit ist.

Wir kennen den Ausdruck: Er/Sie steckt in einer schlechten Haut, oder vielleicht noch gängiger: «In seiner Haut möchte ich nicht stecken.» Dabei wird die Haut hier gebraucht als Bild für die Situation eines Menschen, aber auch für seine ganze menschliche Gestalt und Eigenart, die sich auch immer wieder verändern kann. Unsere Haut grenzt uns gegen außen und gegen innen ab, hat also sehr viel Bedeutung im Kontakt mit der Umwelt und mit der Innenwelt, gerade im Aspekt des Abgrenzens, aber auch im Aspekt des In-Austausch-Tretens. Von welcher Art unsere Haut ist, sagt, wie wir uns der Welt zeigen, wie wir mit ihr in Beziehung treten, wie wir uns abgrenzen, oder eben – etwa mit einer zu dünnen Haut – schlecht abgrenzen können, so daß alles unter die Haut geht.

Nun ist ein Kalb ja noch ein lustiges, liebenswertes Tier – und wenn auch das Kalberl ein Kalberl bliebe, seine Verwünschtheit oder seine Mißgestaltung, sei die nun im körperlichen oder im Verhaltensbereich oder in beiden zusammen, hat etwas Liebenswertes.

Ein 35jähriger Mann erzählt von sich, er sei ein sehr gewünschtes Kind gewesen, seine Eltern hätten sich einer längeren Behandlung unterziehen müssen, damit er überhaupt entstehen konnte. Er blieb denn auch das einzige Kind. Eine seiner eindringlichen Kindheitserinnerungen ist, daß seine Eltern zu ihm sagten: «Wir haben uns so gefreut auf ein hübsches, ruhiges, intelligentes Kind, und du hast uns in allem enttäuscht. Du bist linkisch, dümmlich, dick, in dich verschlossen, tollpatschig, man muß sich immer schämen.»
Natürlich wurde er linkisch, dümmlich, dick, verschlossen usw. Er wurde aber auch ein sehr guter Mathematiker. Sobald er sich jedoch von jemandem nicht voll akzeptiert fühlt, wird er linkisch, dümmlich und aggressiv, besonders bei Frauen. – Er träumte in einem Initial-

traum zu Beginn der Therapie, daß er eine Bärenhaut trage, und daß ich als Therapeutin einer andern Frau hülfe, ihm seine Bärenhaut zu entfernen.

Wie geht nun das Kalb mit seinem Kalbsein um? Es will in die Schule – und die Mutter schämt sich seiner. – Auch hier fällt auf, wie sie wiederum nur halbherzig zu ihrem Kind steht: Sie holt zwar den Schulmeister, aber es ist ihr arg. Das Motiv des Sich-Schämens dieses Kindes wegen kommt immer wieder vor in diesem Märchen: jeder Schritt, den das Kalberl tut, wird von einem Elternteil mit Scham begleitet. Was werden die Leute sagen, wenn sie unser Kalberl-Kind sehen, da wir doch eigentlich Könige sind!

Das Kalberl läßt mich da an ein mißratenes Kind aus bester Familie denken, oder vielleicht an ein pseudo-mißratenes, denn je mehr die beste Familie auch höchste Ansprüche an ein Kind stellt, um so eher wird es «mißraten» erscheinen. Je weniger wir ein Kind so akzeptieren können, wie es in seiner Eigenart ist und lebt, je ausgeprägter unsere Vorstellungen sind, wie das Kind zu sein hat, um so leichter wird ein Kind als «mißraten» bezeichnet werden.

Diese Scham hat vielleicht auch schon beim unbedachten Wunsch der Königin eine Rolle gespielt: Sie hat sich wohl schon geschämt, keine Kinder zu haben, ist es doch so normal, daß man Kinder hat, besonders als Königspaar, das Leben muß ja weitergehen. Und wenn wir uns in sie einfühlen, so ist uns diese Scham nicht ganz so unverständlich: Sie ist doch Königin – sie ist doch etwas ganz Besonderes – und hat kein Kind; und als sie endlich eines hat, ist es unvollkommen. Ihre Kinderlosigkeit war wohl schon von Beginn an eine große Kränkung für sie.

Das ist aber die verhexte Situation, die das Unheil heraufbeschwört: Sie möchte nicht deshalb ein Kind haben, weil

47

sie etwas Neuem zum Leben verhelfen will, weil sie es liebt, so ein Menschenwesen heranwachsen zu sehen, es immer mehr Welt erleben und es zu einem eigenständigen Menschen werden zu lassen mit seinen ganz spezifischen Eigenheiten, sondern deshalb, weil sie nicht blöd dastehen möchte, nicht einen Makel vor der Welt zugeben möchte. Es geht ihr nicht um das Kind, es geht ihr um ihren Selbstwert. Und die Folge ist die, daß es weder dem Kind besonders gut geht, noch ihr Selbstwert durch das Kind stabilisiert wird.

Man darf allerdings einen soziologischen Aspekt auch nicht vergessen. Kinder sind wichtig in einem Königshaus, damit das Königreich nicht zerfällt.

Wie benimmt sich aber das Kalb? Es benimmt sich wie ein normales Kind, allerdings wie ein sehr begabtes. Der Kalberl-Prinz will in die Schule, er lernt, er lernt besser als andere. Man könnte sagen, er muß seine Minderwertigkeit kompensieren, so wie Kinder, bei denen eine zu wenig intensive Beziehung zu den Eltern entstehen konnte, und die auch das Gefühl haben, daß sich die Eltern für sie schämen, endlich etwas ganz Großes leisten müssen. Das Kalb schafft das leicht. Auch die Hochschule schafft es mit leichter Hand. Jetzt will es Ritter werden. Die Episode mit Schule und Hochschule mutet etwas eigentümlich an in einem Märchen, zeigt die «Bildungsbeflissenheit» des österreichischen Erzählers, dem wir diese Fassung verdanken, könnte aber auch die Entstehungszeit dieser Version zur Zeit der Hochschulgründungen andeuten.

Daß das Kalberl Ritter werden will, klingt schon viel mehr nach ursprünglicher Märchensprache. Von diesem Ritterwunsch an ist es auch der Vater, der ihm helfen muß; bis jetzt war es die Mutter. Ein Kalb und ein Pferd passen wirklich nicht sehr gut zusammen, aber das Kalberl

scheint wild entschlossen, alles zu tun, was einem Königssohn angemessen ist, auch wenn es eigentümlich wirkt. Nun ist es am Vater, sich seiner zu schämen. Die Leute schauen denn auch und lachen über den Anblick eines Kalberls als Reiter, nur das Kalb kümmert sich nicht darum. Es nimmt die Reaktion der Menschen nicht zur Kenntnis, darf sie nicht zur Kenntnis nehmen, denn dann nähme es seine Kalbshaut so zur Kenntnis, als wäre es seine einzig mögliche Lebensform. In diesem alles so machen wie die andern – nur besser – kommt seine Verleugnung des Kalbhaften in ihm zum Ausdruck, aber auch das Vertrauen zum Nicht-Kalbhaften in ihm. Vielleicht aber nimmt der Kalberl-Prinz dadurch sein Kalbhaftes zu wenig ernst. So sehr er sich auch bemüht, besser wird auch als die besten Ritter, er bleibt ein Kalb. Er verändert sich nicht wirklich. Zu einem Menschen wird er erst in der Begegnung mit einer Frau.
Der Vater fragt geduldig nach einer Frau für seinen Sohn und findet auch endlich einen König mit zwölf Töchtern. Hier nun schildert das Märchen eine eigentümliche Szene: Das Kalb, das zuvor schneller als alle Ritter war, wird plötzlich vom Vater am Strick geführt, es wird vor der Haustüre stehen gelassen, wie wenn es gar nicht zu ihm gehören würde, also wieder einmal verlassen, aber auch als sehr unselbständiges Kalb hingestellt. Das Kalb läßt es mit sich geschehen.
Ist das mit schon ein Zeichen dafür, daß dieses Kalb, so gelehrt es ist, so tapfer und tüchtig es ist, im Bereich des Eros geführt werden muß, hier wieder das kleine Kalb wird? (Das übrigens auch nie gewachsen ist trotz der Universität. Kalb ist ja an sich bloß eine Jugendform.)
Im Beziehungsbereich drückt sich das Kalbsein schonungslos aus. Und wieder lachen alle Mädchen den Vater des

Kalbes aus: keine außer der Jüngsten mag das Kalb heiraten. Schon der Vater wußte, daß die Jüngste es vielleicht heiraten würde. Was ist das für ein Mädchen? Ist sie so gutmütig, selber dumm, daß sie dem Kalberl entspricht, oder ist sie eine vom echten Schlage der Jüngsten im Märchen, eine, die die Dinge nimmt, wie sie kommen, weil sie nicht auf den schnellen Profit aus ist, sondern einen Sinn für weitere Zusammenhänge hat?

Sie kann das Kalb annehmen, aus welchen Gründen auch immer, und das scheint mir ganz wesentlich zu sein: Jetzt kann sich das Schicksal des Kalberl-Prinzen wenden, da jemand ohne Absicht und ohne Ambivalenz akzeptieren kann, daß er halt ein Kalb ist. So wie wir plötzlich mit unsern schwierigen Seiten auch viel besser zurechtkommen, wenn sie jemand einfach liebevoll akzeptieren kann.

Und jetzt zeigt uns das Märchen, wie die Beziehung der beiden sich gestaltet: In Parallelmärchen kann manchmal die Tierhaut in der Hochzeitsnacht verbrannt werden, aber da liegen Märchenprozesse wie etwa in «Das Eselchen» oder «Hans mein Igel» zugrunde, in denen der Held seine Zeit nicht mit Lernen und mit Machtspielen zugebracht hat, sondern in denen er etwa ein Musikinstrument spielen erlernt oder Schweine gehütet hat. Diese Helden haben also an ihrem Gefühlsbereich gearbeitet – im weitesten Sinne.

Aber auch in unsrem Märchen ist eine Wandlung eingetreten: Nachts ist der Kalberl-Prinz ein wunderschöner, junger Mann. Wenn er nur mit seiner Frau zusammen ist, ist er wunderschön, menschlich – sie hat ihn ja auch angenommen –, aber tags ist er ein Kalb. Er kann den andern Menschen immer noch nicht in seiner wahren Gestalt entgegentreten, vergleichbar jenen Menschen, die aus großer Kränkung und Verletztheit heraus solche Häute tragen und die sich im allgemeinen entweder sehr linkisch oder sehr aggressiv benehmen; die aber im Kontakt mit einem Menschen, der sie annehmen kann, wie sie sind, ihre weichen, menschlichen Seiten zeigen können, etwa in der analytischen Situation oder in einer Liebesbeziehung. Gegen außen aber behalten sie vorerst ihr altes Verhalten bei. Damit konstellieren sie natürlich auch das Thema Scham für den Partner, er schämt sich ihrer wegen dieses ungeschickten Verhaltens, wobei es dann dazu kommen kann, daß der, der die Tierhaut trägt, nicht mehr so bedingungslos angenommen wird – und das führt dann entweder die Wende zum Guten oder aber die Katastrophe für ihn herauf.

In unsrem Märchen bekommt die junge Königin Heimweh, sie will zu ihren Eltern und Geschwistern, in ihre frühere Situation zurück. Vom Prozeß des Märchens her ist das nur zu verständlich: der Mann ist tags ein Kalb und nachts ein schöner Mann, daran ändert sich nichts. Wenn sie nach Hause geht, dann wird sie sich aus der Distanz mit ihrer jetzigen Situation auseinandersetzen müssen, sie wird ihre jetzige Situation aber auch mit den Augen der andern sehen. Deshalb kann man dieses Nachhausegehen auch so auffassen, daß sie Distanz nimmt zu ihrem Manne, sich also innerlich von ihm trennt, und daß jene Anteile in ihr, die schon immer auch über den Kalberl-Prinz gespottet haben, wirksam werden können.

«Verrat mich nicht», diese Bitte ist schon zu spät ausgesprochen, der Verrat findet statt, indem sie sich von ihm entfernt. Aber ist dieser Verrat vermeidbar?

Der Prinz weiß, daß der Verrat die Trennung bedeutet. Die Trennung bedeutet, daß jeder für sich eine Wandlung durchstehen muß, daß sich jeder für sich jetzt entwickeln muß, und ob die beiden wieder zusammenfinden, ist nicht vorauszusehen. – Aber gerade diese Trennung ist notwendig, wendet und bringt die notwendige Entwicklung. Das scheint mir ein wichtiger Gedanke zu sein; sind wir doch gewohnt, Trennung oft nur als Vorstufe zum endgültigen Verlust zu sehen, und nicht als eine echte Entwicklungsmöglichkeit.

Wir haben hier das Verratsmotiv vor uns, wie es uns aus nahezu allen Tierbräutigammärchen bekannt ist. Das Interessante an diesem Märchen ist, daß wir hier auch die Vorgeschichte zu einem Tierbräutigammärchen kennenlernen, daß wir aus der beschriebenen Familiensituation mit dem ertrotzten Kinderwunsch wissen, wie es dazu kommt, daß ein junger Mann so in seiner Tierhaut steckenbleiben muß.

Zu Hause wird die junge Königin gescholten, sie hat den Eltern Schande gemacht mit ihrer Heirat. Sie wird doch recht verspottet, wen wundert es da, daß sie endlich damit herausbricht, daß sie den wunderschönsten Mann hat, den es auf der Welt gibt?

Alle wissen Rat, wenn es sich schon so verhält: sie soll die Tierhaut verbrennen, wenn ihr Mann schläft. – Zwei Seiten streiten nun in ihr: soll sie auf ihren Mann hören oder auf ihre Schwestern? Den Ausschlag gibt der Stolz und die Reaktion der andern: auch die andern sollen sehen, daß sie einen schönen Mann hat.

Und sie verbrennt die Haut. Offenbar zur Unzeit, denn der Mann wacht auf mit einem Wehgeschrei – die Haut war doch mit seiner Haut noch verbunden, nicht einfach nur eine Haut, die er aus- und anziehen konnte, und deshalb muß er seine Frau jetzt auch verlassen. Warum ist es schiefgegangen? Diese Tier-Häute müssen verbrannt werden, aber das Verbrennen der Tierhaut muß vom Tierbräutigam selbst angeregt werden. Im Märchen «Hans mein Igel» bestellt Hans selber vier Männer, die seine Haut holen und verbrennen sollen.

Das scheint mir ein wesentlicher Aspekt zu sein: wie oft verbrennen wir unsern Partnern die Tierhaut – den Schutz, die Abwehrmöglichkeit, die uns primitiv scheinen –, indem wir ihnen, meistens in einer großen Emotion (Feuer), aus liebender Verzweiflung heraus, klarzumachen versuchen, daß es nun endgültig vorbei sein müsse mit diesem Versteckspiel – ohne daß wir wissen, ob es auch für den Partner der richtige Zeitpunkt ist. Wir erzwingen dann eine Wandlung. Feuer kann zwar durchaus eine Wandlung bewirken: eine feurige Emotion zum richtigen Zeitpunkt kann sehr viel bewirken, zum falschen Zeitpunkt aber leider auch, dann hinterläßt sie meistens eine Zerstörung. Die junge Königin war bei diesem Übergriff nicht auf ihn bezogen, er hatte ja klar vorausgesagt, was passieren würde, falls sie ihn «verriete». Sie war auf die Eltern und auf die Meinung der andern bezogen, auf ihr Ansehen in deren Augen.

Und dennoch: mußte dieser Verrat nicht sein? – Sehen wir uns den Fortgang des Märchens an. Der Kalberl-Prinz geht fort, sie bereut ihr Vorgehen, weint, ist unglücklich. Sie will nicht ruhen, bis sie ihn wiedergefunden hat. Jetzt, da er weg ist, wird ihr wohl auch bewußt, daß sie ihn sehr lieb hat, daß sie nicht ohne ihn leben will.

Ohne irgendeinen Anhaltspunkt zu haben, sucht sie ihn. Hier kommt uns nun eine ganz andere Haltung entgegen: hat die Mutter sich zu Beginn ein Kind erzwungen, hat die junge Königin die Wandlung erzwingen wollen – das Thema des Erzwingens blieb bis hierher erhalten –, so will sie jetzt ihren Mann zurückhaben – auch «um alles in der Welt». Hier sehen wir auch den positiven Aspekt des «sich etwas Erzwingens», nämlich die konsequente Ausdauer, aber dieses Suchen hat auch den Aspekt, daß sie sich wirklich dem Schicksal, zuletzt in Gestalt des Sturmwindes, überlassen muß. Und sie findet lange nichts. Als sie fast verzweifeln will, kommt sie zur kleinen Sonne, die sie zur großen Sonne weiterschickt. Mir scheint, daß in diesem Unterscheiden der kleinen von der großen Sonne nochmals ausgedrückt ist, wie weit dieser Weg geht, daß im Bild der kleinen Sonne schon ein wenig Hoffnung dargestellt ist – hier wohl auch als Zeichen von Orientierung, von Aufhellung der Situation zu verstehen, aber bloß als eine ganz langsame Aufhellung. Auch die große Sonne – wir können sie auch als Symbol bewußter Orientierung verstehen, – weiß nichts: Mit bewußter Orientierung kann man also das Problem auch nicht lösen, doch gewinnt die Königin bei diesem Versuch eine goldene Gluckhenne. Die Sonne schickt sie zum kleinen Wind, der ihr einen Gokkelhahn schenkt und sie zum Sturmwind weiterweist. Der gibt ihr ein goldenes Spinnrad und sagt: «Geh, wohin ich dich treibe.» Sie muß sich dem Treiben des Windes überlassen, und das heißt: sich wirklich ganz überlassen.

Bei diesen Reisen zu Sonne und Wind, zu kosmischen Prinzipien, wird klar, daß sie aus sich heraus das Problem nicht lösen kann, daß sie sich von ganz großen Zusammenhängen bewegen und leiten lassen muß. Der Wind weht ja, wo er will, er weht überall hin, als Symbol des Geistes, aber auch als Symbol für die Energie, die von den Sinnendingen abgelöst ist und diese doch in Bewegung hält. Indem sie sich dem Wind überlassen soll, ist zugleich zum Ausdruck gebracht, daß sie sich diesen Energien überlassen muß, wahrnehmen soll, wohin sie fließen. Jedesmal, wenn sie sich überläßt, bekommt sie ein Geschenk. Wie der Wind zum Spinnrad kommt, ist allerdings eine reichlich dunkle Angelegenheit. Man spürt diesem Märchen an, daß hier an die Stelle von Hexenfiguren, die in andern Märchenparallelen jeweils Geschenke mitgeben, die also durchaus als gute Mütter auftreten, kosmische Prinzipien getreten sind. Sie geben die Geschenke mit, wie es sonst diese Mutterhexen tun. Für mich bedeutet dieses Ersetzen der Hexen oder der alten weisen Frauen durch Sonne und Wind – in andern Versionen auch durch Sonne, Mond und Sterne –, daß das Märchen ausdrücklich betonen will, menschliche Hilfe tauge hier nichts, nur ein sich Einlassen auf die ganz großen Lebensorientierungen könne hier helfen.

Mit dieser ziellosen Wanderung sucht sie ihren entschwundenen Partner, bleibt auf ihn bezogen, und das läßt sie ihn letzten Endes auch wieder finden. Der Sturmwind weiß nicht nur, wo sie ihren Mann findet, er weiß auch, daß er in den Fängen einer Hexe ist, die bewirkt, daß er seine Frau vergessen hat. Sie muß alles, was sie auf der Reise erhalten, einsetzen, um überhaupt nur mit ihrem Mann wieder in Kontakt treten zu können.

Diese Szene muß man sich vorstellen: die Frau, die einen so langen Weg auf sich genommen hat, um ihren Mann wieder zu finden, und er, der schläft und nicht ansprechbar ist. Das ist wahrlich verhext. Es gibt ja kaum verzweiflungsvollere Situationen im Leben als jene, wo man mit jemandem psychisch und physisch in Kontakt treten möchte, einen weiten Weg dafür zurücklegt und der andere dann nicht ansprechbar ist. Am quälendsten ist es dann, wenn man auch noch, wie unsere Heldin hier, ein schlechtes Gewissen hat und etwas gutmachen möchte, und das möchte sie ja.

Eine Hexe aber, so scheint mir, war von Anfang an in diesem Märchen im Spiel: als sehr verborgene «Machthexe», die sich im Erzwingen-Wollen eines Kindes durch die

Mutter, im Erzwingen-Wollen einer Wandlung des Prinzen durch die junge Königin gezeigt hat. War zuvor ein Tierfell die Verhüllung der Welt gegenüber, so ist es jetzt der Schlaf: der Prinz, der ihr entfremdete Mann, ist unrührbar, unansprechbar. In der zweiten Nacht weint die junge Königin gar bitterlich, und da ist dem König am Morgen, als wäre während der Nacht etwas vorgegangen – es waren da in der Tat schwere Träume! –, und er nimmt sich vor, wach zu bleiben. Ihre Emotionen, ihre Verzweiflung erreicht ihn, bringt es mit sich, daß sie wieder zueinander in Beziehung treten können. Indem sie ihren Leidensweg schildert, erinnert er sich, und je mehr er sich erinnert, um so weniger kann die böse Hexe ihm noch anhaben. Das Erinnern, das Bewußtwerden seiner Geschichte und der Geschichte seiner Frau bringt mit sich, daß die Verhexung weicht, daß er nun aber auch ohne Kalbshaut leben kann. Das emotionelle Erleben seiner Geschichte und der Geschichte ihrer Beziehung weckt ihn wirklich auf.

Ähnlich verlief die Befreiung von der Bärenhaut bei dem 35jährigen Analysanden: Er fand eine Partnerin, die ihn – auch mit der Bärenhaut – liebte und die auch er liebte. In guten Zeiten sagte er: «Sie nimmt mich, wie ich bin», in schlechteren Zeiten: «Sie hat mich zu nehmen, wie ich bin.» So drückte er sich aus, wenn sie eine Auseinandersetzung gehabt hatten. Er zeigte überhaupt keine Einfühlung dafür, wie schwierig sein Verhalten für seine Partnerin manchmal zu verstehen und zu verkraften war, wie schwierig es auch für sie war, ihn dann uneingeschränkt zu akzeptieren: So konnte er etwa, wenn die beiden Gäste hatten, die ihn zu wenig interessierten, die ihn auch zu wenig aufwerteten, einfach ein Buch holen und lesen oder die Gäste sehr offen und verletzend kritisieren.
Für die Frau wurde die Beziehung immer schwieriger; sie fand ihn einerseits sehr lieb, sehr zärtlich und auch sehr interessant, andererseits einfach einen «unmöglichen Kerl» im Umgang mit der Umwelt.
Als er wieder einmal seine Gäste so zynisch kritisierte, platzte sie und

sagte: «Hör doch endlich auf mit diesem läppischen Getue.» Sie versuchte, die Bärenhaut – im falschen Augenblick offensichtlich, falls es dafür je einen richtigen Zeitpunkt gibt – zu verbrennen. Er zog sich in sich zurück, sprach nicht mehr mit ihr, außer das Allernotwendigste. In der Therapie sprach er davon, daß er sie schon hinausekeln wolle, sie habe ihn ja so sehr enttäuscht. Sie blieb bei ihm, aus Schuldgefühl, aber auch aus der Überzeugung, daß eine unbedachte Äußerung doch nicht alles kaputtmachen könne, was sie miteinander an Beziehungsräumen aufgebaut hatten. Beide empfanden die Lebenssituation als äußerst quälend. Sie fragte sich immer wieder, warum sie denn damals in der kritischen Situation nicht einmal mehr hätte den Mund halten können. Immer wieder versuchte sie, mit ihm darüber zu reden, aber er zeigte sich unansprechbar, und erst dadurch, daß sie immer weiter bei ihm aushielt, die unmögliche Situation ertrug, wurde ihm langsam klar, daß ihr Ausbruch wirklich liebender Verzweiflung entsprungen war und nicht der Absicht, ihn zu kränken. Als er das erkannte, fanden die beiden wieder Kontakt zueinander, und es wurde ihm bewußt, daß auch seine Partnerin ein Recht darauf hatte, ein wenig stolz auf ihn sein zu können, auch vor andern Leuten. Diese Einsicht half ihm, seine Bärenhaut nur noch dann zur Schau zu stellen, wenn er sie dringend brauchte.

Die Hexen im Märchen ärgern sich und bleiben am Ort, das Paar, das sich wiedergefunden hat, kehrt zurück zu seinen Eltern.
Ich fände es ganz gut, wenn die beiden nun wüßten, daß sie immer wieder auf die Hexe achthaben müssen, die den Mann für sich haben will, die ihn von seiner Frau entfernt, die ihn unansprechbar machen wird.
Die Eltern freuen sich, als sie zurückkommen. Vorerst scheint nun alles in Ordnung zu sein. Wirklich? Kann nun eine neue Beziehung zu den Eltern aufgebaut werden, oder gehen die beiden einfach zurück?
Das Märchen zeigt meines Erachtens sehr präzise, was geschieht, wenn die Geburt eines Kindes so sehr von den Eltern erzwungen wird, ohne zuvor zu fragen, was denn ge-

rade bei ihnen die natürliche Fruchtbarkeit, die dem Leben sonst eigen ist, bisher verhindert: daß dann das Kind mit dem Problem der Eltern belastet wird, das eigentlich zuvor hätte gelöst werden müssen. Das Märchen zeigt, wie die Beziehungsproblematik, die sich zwischen den Eltern und dem Kind, das nicht ihren Vorstellungen entspricht – zudem noch in einer kollektiven Situation, in der man offenbar so wenig als möglich auffallen sollte –, erst aufgearbeitet werden kann, wenn dieses Anders-Sein des Kindes von ihm selbst durchgetragen wird, kompensiert wird, was noch nichts wirklich verändert; vor allem aber, wenn jemand dieses Kind in dieser armseligsten Form, die es zeigen kann, wirklich akzeptiert. Das ist nicht einfach, nimmt diese Kalbshautgestalt doch dem liebenden Mädchen die Möglichkeit, stolz auf den Prinzen zu sein, ihn auch zu zeigen; sie wird überhaupt nicht narzißtisch aufgewertet durch ihn.

In ihrer Ungeduldshaltung kann sie nicht warten, bis er innerlich erstarkt genug ist, um von sich aus auf seine Haut zu verzichten: Durch ihre Ungeduldshaltung bewirkt sie zunächst nichts anderes, als daß er ungeheuer verletzt wird durch das Verbrennen der Haut, die noch mit ihm verwachsen ist. Die Trennung ist vollständig. Nun müssen beide verschiedene Wege zurücklegen – sie sucht ihn, ohne zunächst auch nur einen Anhaltspunkt zu haben, wo er sein könnte. Er ist von zwei Hexen entführt worden – vielleicht ein Zeichen dafür, daß er nun auch seine Frau als hexenhaft erlebt hat. Er dürfte vorläufig psychisch gelähmt sein, resigniert, emotionell abgeschnitten von seiner Lebensgeschichte. Erst die intensive, selbstlose Suche seiner Frau, ihre Verzweiflung über seine Unerreichbarkeit, weckt auch in ihm die befreiende menschliche Emotion.

Wenn wir das Märchen auf den intrapsychischen Prozeß eines jungen Mannes hin sehen wollen, dann haben wir uns einen jungen Mann vorzustellen, dessen Eltern viel von ihm erwarteten, ihn aber ablehnten. Er selber – solange er noch mit den Ansichten der Eltern über ihn identifiziert ist – wird auch viel von sich verlangen und sich doch gleichzeitig entwerten, sich als Esel oder als «Kalb» sehen; das führt dazu, daß er noch mehr leisten muß. Diese Kompensation soll dazu führen, daß er Vater und Mutter – und übertragen auch die Väter und Mütter, denen er begegnet – zufriedenstellt.

Das Finden der jüngsten Königstochter könnte man so verstehen, daß er eine weibliche Haltung in sich findet, die in ihm nicht das Kalb, sondern den «Prinzen» sieht. Es gelingt ihm schließlich, entweder durch eine Beziehung zu einem Mädchen oder einfach dadurch, daß die Zeit der Kompensation vorbei ist, eine neue Einstellung zu sich selber zu gewinnen, eine neue Haltung seinen Schwächen gegenüber, in der er lernt, seine Schwächen zu lieben und seinen Abwehrschutz zu verstehen.

Aber er möchte ja auch gerne bewundert werden. Jetzt setzt wiederum die Überforderungsstrategie ein: die Tierhaut wird zu früh verbrannt, das heißt, ein solcher Mensch würde sich dann sagen: ich brauche mich doch gar nicht mehr zu schützen. Er entschließt sich dazu, weil er in seiner Entwicklung gerne weiter sein möchte, als er ist, nicht weil diese Phase seines Lebens wirklich schon vorbei wäre. Dieses vorschnelle Tun-als-ob wäre wohl das Verhext-Sein, hier hätten die Hexen ihre Hand im Spiel. Das liebende Annehmen seiner Schwäche, die dazu führt, daß der Abwehrschutz überflüssig wird, setzt sich dagegen langsam durch.

Daß er dann wieder zu den Eltern zurückkehrt – es wird

nicht erwähnt, daß er das tut, um sich mit ihnen auseinanderzusetzen –, wäre allerdings als problematisch anzusehen, denn intrapsychisch hieße das, die alten Werte und Einstellungen wieder zu übernehmen, also wieder in die Überforderungsstrategie sich selbst gegenüber zurückzufallen. Wenn er aber zu ihnen ginge, um sich mit ihnen auseinanderzusetzen, um neues Väterliches und Mütterliches in sich zu entwickeln, dann wäre dieses Zurückgehen zu den Eltern sehr sinnvoll.

DAS ERDKÜHLEIN

Ein guter armer Mann hatt ein Frau und von ihr zwei Töchterlein, und ehe die selbigen Kindlein, deren das kleinere Margaretlein und das größere Annelein hieß, erwachsen waren, starb ihm die Frau, und deshalb nahm er eine andere. Nun warf die selbig Frau einen Neid auf das Margaretlein und hätte gerne gewollt, daß es tot wäre gewesen, doch es selbst umzubringen däucht sie nicht gut, und so zohe sie mit Listen das älter Maidlein an sich, daß es ihr hold und der Schwester feind ward.
Und einmal begab sich, daß die Mutter und die älter Tochter beieinander saßen und beratschlagten, wie sie ihm doch tun wollte, daß sie des Maidleins abkämen, und beschlossen endlich, daß sie miteinander wollten in den Wald gehen und das Maidlein mitnehmen, und in dem Wald wollten sie das Maidlein verschicken, daß es nicht mehr zu ihnen kommen könnte.
Nun stand das Maidlein vor der Stubentür und hörte alle die Wort, so sein Mutter und Schwester wider es redten und Ursach zu seinem Tod suchten; da war es sehr betrübt, ohn alle Ursach so jämmerlich zu sterben und von den Wölfen zerrissen zu werden. Und also betrübt ging es zu seiner Dotten oder Göttel, die es aus der Tauf gehoben hatte, und klaget ihr die große Untreu und tödliche, mörderische Urteil, so über sie von der Schwester und Mutter geschehen. «Nun wohlan», sprach die gut alt Frau, «mein liebs Kind, dieweil dein Sach ein solche Gestalt hat, so gang hin und nimm Sägmehl und, wenn du deiner Mutter nachgehst, streue es vor dir anhin! Laufen sie hernach schon von dir, so geh du der selbigen Spur nach, so kommst du wieder heim.»
Die gut Tochter tat, als ihr die alt Frau befohlen hatt. Und wie sie hinaus in den Wald kam, setzt sich ihr Mutter nieder und sagt zum ältern Maidlein: «Komm her, Annelein, und such mir ein Laus! So geht dieweil das Gretlein hin und klaubt uns drei Bürden Holz; so wollen wir an diesem Ort sein warten, darnach gehn wir miteinander heim.»

Nun das gut arm Töchterlein zohe hin und streuet vor ihm anhin das Sägmehl (denn es wohl wußt, wie es ihm gehn würde) und sammelt drei Bürden Holz. Und als es die gesammelt, nahm es sie auf den Kopf und trug sie an das End, da es sein Stiefmutter und Schwester gelassen hatt. Als es aber dar kam, fand es sie nicht; behielt doch seine drei Büschlein auf dem Kopf, zohe seinem gemachten Weg nach wieder heim und warf die drei Büschlein ab.

Und als es die Mutter ersahe, sprach sie zum Maidlein: «Annelein, unser Tochter ist wieder kommen, und all unser Kunst hat uns gefehlet. Darum wollen wir morgen an ein ander Ort gehen und das Maidlein aber von uns schicken; so wird es nicht mehr mögen heim kommen, so sind wir hernach sein ledig.»

Nun hat das gut Margaretlein diese Wort abermals gehört, lief wieder zu seiner Göttel und zeigt ihr die Handlung an. «Wohlan», sprach die Frau, «ich siehe wohl, daß sie dir nach deinem Leben stellen und nicht Ruhe haben werden, bis sie dich umbringen. Darum so geh jetzt hin und nimm Spreu und streu die abermals vor dir hin, wie du mit dem Sägmehl getan hast! So kannst du wieder heim kommen.»

Als nun das Maidlein wieder heim kam, sagt sein Mutter: «Kommet her, Gretlein und Annelein! Wir wollen gehn in den Wald.» Das älter Maidlein, als das um alle Sach gar wohl wußt, auch Hilf und Rat darzu getan hatte, zoge ganz fröhlich, Gretlein hergegen ganz traurig hinaus. Und als sie in den Wald kamen, setzt sich die bös, arglistig, zernichtig Frau nieder und sagt zum Annelein: «Komm her, Annelein, und fahe mir ein Laus! So geht das Gretlein hin und suchet dieweil jeglichem ein Bürde Holz; darnach gehn wir wieder heim.»

Das arme Gretlein ging hin und suchet Holz, und ehe es wieder kam, war sein Mutter und Schwester hinweg. Nun ging das gut Gretlein mit seinem Holz der Spreu nach, bis es wieder heim kam. Und als es von seiner Mutter gesehen ward, sagt sie zum Annelein: «Unser elend Maidlein kommt wieder. Nun wollen wir sehen, wie wir sein abkommen, und sollt es uns etwas Groß kosten. Und wir wollen morgen wieder in den Wald; da wollen wir sehen, daß es dahinten bleibt.»

Solche Red hatte das Maidlein abermals gehört und ging zum drittenmal zu seiner Basen, fraget die Rats, wie es ihm doch tun sollte. «Nun wohlan, liebs Kind», sagt die Frau, «so geh hin und nimm Hanfsamen, säe den vor dir anhin, darnach geh dem selbigen nach wieder heim!»

Das gut Maidlein zoge abermals mit seiner Mutter und Schwester in den Wald und säet den Hanfsamen vor hin. Nun sagt die Mutter

abermals, wie sie vor zweimal gesagt hatte: «Annelein, such mir ein Laus! So muß das Gretlein Holz suchen.»
Das arm Gretlein zohe hin und suchet Holz, gedacht dabei: Bin ich vor zweimal wieder heim kommen, so will ich das drittmal auch wieder heimkommen. Und als es das Holz gesucht und wieder an das Ort kam, da es sein Mutter gelassen, waren sie aber hinweg. Und als das arm Maidlein seinem Weg nach wollte heim gehn, da hatten die Vögel den Samen allensammen aufgefressen. Ach Gott, wer war trauriger denn das arm Maidlein! Den ganzen Tag im Wald umlief zu weinen und schreien und Gott sein Leid zu klagen, konnt kein Weg finden, dadurch es möchte aus dem Wald kommen, war auch in den Wald so fern hinein kommen, da ohne Zweifel nie kein Mensch gewesen. Als nun der Abend herzu kam und das arm verlassen Maidlein an aller Hilf verzweifelt hatte, stieg es auf ein sehr hohen Baum, zu besichtigen, ob es doch irgendein Stadt, Dorf oder Haus ersehen möcht, darein es ginge, damit es nicht also jämmerlich den wilden Tieren zur Speis gegeben würde. In solchem Umsehen begab sich, daß es ein kleins Räuchlein ersahe; stiege behend ab dem Baum und ging demselbigen Rauch zu und kame in wenig Stunden an das Ort, da denn der Rauch ausginge. Das war ein kleines Häuslein, darin niemand wohnet denn nur ein Erdkühlein.
Das Maidlein kam vors Türlein und klopfet an, begehrt, man sollte es einlassen. Das Erdkühlein antwort: «Ich laß dich wahrlich nicht herein, verheißest mir denn, dein Lebtag bei mir zu bleiben und mich nimmermehr zu vermären und zu verraten!» Das gelobt ihm das Maidlein, und alsbald ward es von dem Erdkühlein eingelassen. Und das Erdkühlein sagt: «Wohlan, du darfst nichts tun, als mich des Abends und Morgens melken. Darnach issest du die selbig Milch von mir, so will ich dir Seiden und Sammet genug zutragen: darvon mach dir schöne Kleider, wie du sie begehrest! Gedenk aber und siehe, daß du mich nicht vermärest! Wann schon deine eigne Schwester zu dir kommt, so lass sie nicht herein, damit ich nicht verraten werd, daß ich an diesem End sei! Sonst hätt ich das Leben verloren.» – Ging nach solchen Worten an sein Weide und brachte dem Maidlein des Abends, wann es heim kam, Seiden und Sammet, darvon sich das gut Gretlein so schön kleidet, daß es sich wohl einer Fürstin hätt vergleichen mögen.
Als sie nun bis in das ander Jahr also beieinander gewest waren, begab sich, daß dem größern Maidlein, so daheim blieben war und das jung

Gretlein, sein Schwesterlein, ohn alle Schuld hatt helfen in das Elend verjagen, in Gedanken kam und gedenken warde, wie es doch seinem Schwesterlein gehen möchte, das sie hatt helfen ins Elend verjagen; kläglich anhub zu weinen und die große Untreu zu bedenken, die sie ihr ohn alle Schuld bewiesen hatt, in Summa in ein solchen Reuen kam, daß sie nicht mehr bleiben konnt oder mocht, sondern sehen wollt, ob sie doch irgendein Beinlein von ihrem Schwesterlein finden möcht, damit sie das selbige heim trüge und es in Ehren hielte.

Und eins Tags ging sie morgens früh hinaus in den Wald und suchte und trieb solch Suchen mit kläglichem Weinen so lang, bis sie sich im Wald ganz und gar vergangen und verirret hatt und nun die finster Nacht ihr auf dem Hals lag. Wer war da trauriger denn das Annelein? Da ward es gedenken, daß es solches wohl an seiner Schwester verdient hatte, kläglich weinet, Gott um Gnad und Verzeihung anrufet und bate. Doch war da nicht lang zu warten oder zu klagen, sondern stieg zunächst auf ein sehr hohen Baum, zu besichtigen, ob es doch irgendein Haus sehen möcht, darin es über Nacht bliebe, damit es nicht also jämmerlich von den wilden Tieren zerrissen würde. Und in solchem Umsehen ersahe es ein Rauch aus dem Häuslein gehn, darin sein Schwester war; von Stund an dem Haus zu nahet, nicht anders meinet, denn daß es eines Hirten oder Waldbruders Häuslein wäre.

Und als es zu dem Haus kam, klopfet es an; da es bald von seiner Schwester, wer da wäre, gefragt ward. «Ei», sprach das Annelein, «ich bin ein armes Maidlein und in dem Wald verirret und bitte, daß man mich durch Gottes Willen über Nacht behalte.» Das Gretlein sahe durch ein Spältlein hinus und erkannte, daß es sein untreue Schwester war; bald anhub und sprach: «Wahrlich, liebs Maidlein, ich darf dich nicht herein lassen; denn es mir verboten ist. Wann sonst mein Herr käm und ich jemand Fremdes hätte einher gelassen, so würd er mich schlagen. Darum ziehe fort!» Das arm Maidlein wollt sich nicht lassen abreden noch vertreiben, sondern mit Bitten seinem unerkannten Schwesterlein anlag, daß es ihm die Tür auftat und es hinein ließ.

Und als es hinein kam, erkannt es sein Schwester, fing an heiß zu weinen und Gott zu loben, daß es sie noch lebendig funden hatt, nieder auf seine Knie fiel und sie bat, daß sie ihm verzeihen sollt alles das, so es wider sie getan. Darnach sie freundlich bat, daß sie ihr doch sagen wollt, wer bei ihr wär, daß die so schön und wohl gekleidet ginge. Das gut Gretlein, dem verboten war, zu sagen, bei wem es wäre, mancherlei Ausred erfand und hervor zohe; denn einmal sagt es, es wär bei

einem Wolf, das andermal, bei einem Bären. Welches alles das Annelein nicht glauben wollt, dem Gretlein, seinem Schwesterlein, süß zuredet, ihr die Wahrheit zu sagen. Und das Maidlein auch (wie denn aller Weiber Brauch und Gewohnheit ist, daß sie mehr schwätzen, als ihnen befohlen ist) sehr kläffig war und zu seinem Schwesterlein sagt: «Ich bin bei einem Erdkühlein. Aber lug, verrat mich nicht!»
Als solches das Annelein höret, welches seiner Untreu an der Schwester noch kein Genügen getan hatt, bald sagt: «Wohlan, führ mich wieder auf den rechten Weg, damit ich heim komme!» Das tat das Gretlein bald. Und da mein guts Annelein heim kame, sagt es seiner Mutter, wie sie ihr Schwester bei einem Erdkühlein gefunden hätte und wie die so köstlich gekleidet ginge. «Wohlan», sprach die Mutter, «so wollen wir die zukünftig Wochen hinaus ziehen und das Erdkühlein samt dem Gretlein heim führen; so wollen wie das Kühlein metzgen und essen.»
Alles das wußt das Erdkühlein wohl, und als es des Abends spät heim kam, sagt es weinend zum Maidlein: «Ach, ach, mein allerliebsts Gretlein, was hast du getan, daß du dein falsche Schwester hast eingelassen und ihr gesagt, bei wem du bist? Und nun siehe, dein zernichte Mutter und Schwester werden die zukünftige Woche heraus kommen und mich und dich heim führen. Mich werden sie metzgen und essen, dich aber bei ihnen behalten, da du übler gehalten werden wirst denn vor nie.»
Nach solchen Reden stellt sich das Erdkühlein so kläglich, daß das arm Maidlein anfing zu weinen und vor Traurigkeit vermeint zu sterben, sehr gereuen ward, daß es sein Schwester hatt eingelassen. Doch tröstet es das Erdkühlein und sprach: «Nun wohlan, liebs Maidlein, dieweil es je geschehen ist, so kann es nicht wieder zurück getrieben werden. Darum tu ihm also: Wann mich der Metzger jetzt geschlagen hat, so stand und weine! Wann er dich dann fragt, was du willst, so sprich: ‹Ich wollt gern meins Kühleins Schwanz.› Den wird er dir geben. Wann du den hast, so fahe aber an zu weinen und begehr das ein Horn von mir! Wann du das selbig auch hast, so weine aber! Wann man dich dann fragt, was du willst, so sprich: ‹Ich wollt, gern meins Kühleins Schühlein.› Wann du das hast, so geh hin und setz den Schwanz in die Erden, auf den Schwanz das Horn, und auf das Horn setz das Schühlein und geh nicht darzu bis an den dritten Tag! Und am dritten Tag wird ein Baum daraus worden sein; der selbig wird Sommer und Winter die schönsten Äpfel tragen, die ein Mann je gese-

hen hat. Und niemand wird sie können abbrechen denn du allein, und durch den selbigen Baum wirst du zu einer großen mächtigen Frauen werden.»
Als man nun das Kühlein schlachtet, stund das Margaretlein und begehret die Ding alle, wie ihm sein Kühlein befohlen hatt, und die warden ihm auch geben. Und es ging hin, steckets in die Erden, und am dritten Tag war ein schöner Baum daraus geworden.
Nun begab sich, daß ein gewaltiger Herr vorbei ritte; der selbige führte sein Sohn mit ihm, der das Fieber oder kalt Wehe hatte. Und als der Sohn die schönen Äpfel sahe, sprach er: «Mein Herr Vater, lassen mir Äpfel bringen von diesem Baum; mir ist, ich würde gesund darvon werden.» Von Stund an rufet der Herr, man sollt ihm Äpfel bringen, er wollt sie teuer genug bezahlen.
Die älter Tochter ging zunächst zum Baum und wollte Äpfel darvon brechen. Da zogen sich die Äst allesammen in die Höhe, also daß sie keinen erlangen mocht. Da ruft sie der Mutter und sprach, sie sollte Äpfel abbrechen und sie dem Herrn geben; als aber die arge Frau Äpfel abbrechen wollt, zogen sich die Äst noch viel höher auf. Der Herr hat das alles wohl gesehen und verwundert sich heftig.
Und zuletzt kam das Margaretlein zum Baum, Äpfel zu brechen, zu dem sich die Äst neigten und es willig Äpfel abbrechen ließen; das verwundert den Herrn noch viel mehr, und er meinet, sie wäre vielleicht eine heilige Frau, beruft sie und fraget sie des Wunders. Dem die gut Tochter die ganze Handlung, was sich ihrer Mutter, Schwester und des Erdkühleins halber verlaufen hatt, von Anfang bis zu End angezeiget.
Der Herr, als er die Sach vernommen hatt, fraget die Jungfrau, ob sie mit ihm darvon wollt. Das war die gut Tochter wohl zufrieden, grub ihren Baum aus und setzt sich samt ihrem Vater auf den Wagen zu dem Herren; von dem wurden sie freundlich und ehrlich empfangen, fuhren hin und ließen ihre schalkhaftige Mutter und Schwester sitzen.

Dieses Märchen stammt aus einer Sammlung Deutscher Märchen vor Grimm, herausgegeben von A. Wesselski (7). In ihm verdichten sich verschiedene Themen, die wir bei Grimm dann in eigenständigen Märchen erzählt vorfinden. Etwa: Hänsel und Gretel; Aschenbrödel; Einäuglein, Zweiäuglein, Dreiäuglein; Die drei Männlein im Walde.

Zu Beginn des Märchens wird erzählt, daß ein guter armer Mann eine Frau und zwei Töchter hat, Annelein das ältere, und Margaretlein das jüngere, und ehe die Töchter erwachsen sind, stirbt ihm die Frau, deshalb nimmt er eine andere. Die aber ist neidisch auf das kleinere Mädchen. «Sie warf einen Neid» auf sie, sagt das Märchen sehr treffend. Der Neid ist so groß, daß sie das Mädchen am liebsten tot gesehen hätte; es selbst umzubringen, dünkte sie aber doch nicht gut. Und so verbündet sie sich mit dem Annelein, der älteren. Zu zweit neiden sie und suchen einen Weg, das kleinere Mädchen, das den Neid erregt, aus der Welt zu schaffen. Es ist eine Eigenart dieses Märchens, daß einerseits alles so süßlich beschrieben wird, anderseits eine ungeheure, unverstellte Brutalität vorherrscht.

Das Märchen nennt in seiner Ausgangssituation zwei Probleme: Der Vater wird als armer guter Mann beschrieben, dem die Frau stirbt. Wenn das Märchen ihn arm und gut nennt, dann will es wohl sagen, daß er ohne Verschulden arm ist. Im Märchen wird man arm genannt, wenn man mit der Natur nicht umgehen kann, so daß sie ihren Reichtum nicht hergibt. Etwas im Umgang mit der Natur ist falsch, wenn sie uns nicht an dem Reichtum, der in ihrem Wachsen und Wuchern ausgedrückt ist, teilnehmen läßt. Insofern als der Mann arm ist, ist das Dunkle bereits konstelliert, das Sterben der Frau wohl ein Zeichen dafür, daß das Weibliche Schwierigkeit hatte, mitzuleben, daß sich im Bereich des Weiblichen etwas verändern muß.

Zwar ersetzt die Stiefmutter die Mutter, aber jetzt tritt das zweite Problem in den Vordergrund, das indessen auf dem ersten Problem beruht: Sie ist so neidisch, daß sie das Mädchen, das ihren Neid erregt, töten will. Und wie mit solchen Regungen umgegangen werden kann, ist das Thema dieses Märchens.

Was ist wohl Besonderes an diesem Mädchen? In irgendeiner Form muß sie den Neid der Stiefmutter entfachen. Es können allerdings auch sehr eigentümliche Gaben und Eigenschaften Neid erregen, denken wir etwa daran, daß im Märchen «Einäuglein, Zweiäuglein, Dreiäuglein», das eine gewisse Ähnlichkeit mit diesem Märchen aufweist, ausgerechnet das Zweiäuglein den Neid erregt, weil es nichts Besonderes an sich hat, sondern zwei Augen hat wie jedermann. Es erregt Neid, weil es normal ist.
Unser Märchen sagt nicht, was den Neid erregt: Ist das Margaretlein vielleicht dem Vater besonders verbunden? Der Vater scheint nicht in der Lage zu sein, bei diesen Auseinandersetzungen einzugreifen. Daß das Annelein in diese Neidhaltung miteinzubeziehen ist, leuchtet ein; da könnte Geschwisterneid eine Rolle spielen, ist sie doch als die Älteste und eine Zeitlang Einzige einmal vom Margaretlein, der später Geborenen, entthront worden.
Den Tod der Mutter zu Beginn des Märchens können wir auf verschiedene Weisen verstehen: es kann der ganz reale Tod der Mutter damit gemeint sein – damit wäre der Mann noch mehr ein «armer» Mann, wie ihn das Märchen bezeichnet, es kann aber auch so gesehen werden, daß die Mädchen in die Ablösephase von der Mutter kommen und diese als «Stiefmutter», also als böse Mutter erleben müssen, um überhaupt von ihr wegzukommen, um selbständig zu werden. Gegen diese Interpretation scheint zu sprechen, daß das ältere Mädchen sich mit der Mutter solidarisiert, sich also ganz und gar nicht ablöst, bis zum Ende des Märchens nicht. Allerdings ist für sie die Mutter auch keine Stiefmutter in dem Sinne, daß sie von der Mutter nicht akzeptiert würde. Damit kann auch ausgedrückt sein, daß in einer Familie, in der Harmonie um jeden Preis erhalten werden muß, in der also alle Aggressionen, die ja

immer wieder für Abgrenzungen und Trennungserlebnisse sorgen, ausgeblendet werden, die Situation der Ablösung von den Eltern, hier von der Mutter vor allem, außerordentlich schwierig ist. So wird dem Kind und den Eltern die Gelegenheit genommen, den gegenseitigen Ablöseprozeß schrittchenweise zu üben, samt der darauf wieder erfolgenden Annäherung. Ablösung wird bei dieser Konstellation als brutal erlebt, als ein «Getötet-Werden». Anderseits besteht die Gefahr, daß man bei der Mutter bleibt, wie das Annelein sich nie ablöst. Insofern könnte hier auch noch ein drittes Problem in dieser Familienkonstellation sichtbar sein und Annelein und Margaretlein als zwei verschiedene Wege dargestellt werden, wie dieser Ablösungsprozeß bewältigt oder eben nicht bewältigt werden kann.
Ich gehe also davon aus, daß wir eine Familie vor uns haben, in der die Aggression abgespalten wurde, die zu lieb war und die die Mutter verloren hat. Das Problem der Trennung, der Ablösung stellt sich. Der Vater ist wohl gutmütig, aber er bewirkt nichts. Eine neue Mutter kommt in die Familie, sie trägt das Problem des Neids in die Familie hinein. Das ist gar nicht so unüblich, wenn wir bedenken, daß sie vielleicht nicht ihretwegen geheiratet worden ist, sondern wegen der Kinder, daß die Kinder also dem Vater näher sein könnten, als sie es je sein kann. Neid einer neu in die Familie hereingeholten Person ist auch deshalb nicht unüblich, weil, gerade nach einem Todesfall, der Mensch, der ein «Ersatz» sein soll (statt eines Neu-Ansatzes), oft mit der Verstorbenen verglichen wird. Er wird also nicht wirklich akzeptiert und schaut mit Neid auf die, die fraglos zur Familie gehören.
Wie gehen nun diese Familienmitglieder mit dem Neid um? Sie beschließen, das Margaretlein zu «verschicken», es im Walde zu verlassen, damit es umkommt. Ein Umgang

mit dem Neid also, bei dem der Neiderreger eliminiert werden soll.

Versetzen wir uns in dieses Mädchen, das vor der Stubentür steht und alles mit anhört. Welches Gefühl der Trostlosigkeit, der Verlassenheit, der Ungerechtigkeit muß es empfinden. Es ist ausgestoßen aus dem Familienverband, der Vater ist offenbar kein Vater, bei dem man sich Schutz holen könnte. Schutz kann sie aber bei der Gotte, der Patin, holen. Die Paten haben dann für die Kinder zu sorgen, wenn die leiblichen Eltern dazu nicht mehr imstande sind. An die Stelle der Patin tritt im Märchen manchmal eine alte Frau, die Rat weiß – ein Zeichen dafür, daß auch dann, wenn gar kein Rat, gar kein Trost mehr möglich scheint, immer wieder etwas in uns um Trost weiß, hier ein mütterlicher Aspekt im Margaretlein, oder vielleicht wirklich eine Patin. Zweimal gibt sie ihr auch einen guten Rat, das dritte Mal einen schlechten: Sägemehl und Spreu weisen den Weg, der Hanfsamen indessen wird natürlich von den Vögeln aufgepickt.

Der gute Rat führt hier wiederum in die alte Situation zurück, in eine Situation, in der Margaretlein nicht wirklich leben, sich auch nicht weiterentwickeln kann; der «schlechte Rat» indessen führt in die Entwicklung hinein. Natürlich kann man sich fragen, ob der Rat mit den Hanfkörnern so schlecht gewesen ist, einmal, weil er eben in die Entwicklung hineinführt, und Entwicklung ist im Märchen das schlechthin Wertvolle. Wenn man anderseits die Hanfkörner einmal symbolisch ansieht als Nahrung für Phantasien, könnte man den Rat auch so verstehen, Phantasien zu nähren, die wie Vögel wegfliegen, dahin gehen, wo sie wollen, zumindest aus dieser unerfreulichen Situation heraus. Die Patin hätte dann also den Rat gegeben, sich einer Phantasiewelt zu überlassen.

Zunächst aber gerät das Margaretlein in die Verlassenheit im dichten Wald; es läuft im Wald herum, schreit, weint, klagt Gott sein Leid und weiß keinen Ausweg. Es hat sich so weit verlaufen, wie noch keiner vor ihm, so daß bestimmt noch nie jemand so tief in diesen Wald hineingekommen ist.

Mit dieser Beschreibung zeigt das Märchen das Maß der Verzweiflung, die das Mädchen in die immer noch größere Dunkelheit hinein sich verirren läßt, ausgedrückt in dem dichten Wald, ausgedrückt im Abendwerden. An sich haben wir eine klassische Verlassenheitssituation vor uns: kann man das zweimalige Nach-Hause-Kommen noch sehen als eine Reaktion des «das darf doch nicht wahr sein», ist nun die Verlassenheit nicht mehr zu verleugnen. Da brechen alle Emotionen des Verlassenseins auf, verbunden mit dem Gefühl, nie mehr mit jemandem zusammentreffen zu können, nie mehr einen Menschen sehen zu können. Am Tiefpunkt ihrer Verzweiflung fällt ihr ein, sie könnte auf einen Baum klettern, um sich zu orientieren. Das scheint mir bemerkenswert: Zunächst ist das die erste selbständige Idee des Mädchens, eine Aktivität, die von einem aufblitzenden Hoffnungsschimmer begleitet ist. Das ist typisch für Märchenprozesse: ist das Dunkle ausgeschritten, ist der Märchenheld am Tiefpunkt seiner Verzweiflung, dann setzt eine Gegenbewegung ein, dann hat er plötzlich einen rettenden Einfall. Das entspricht wohl einem Lebensgesetz.

Margaretlein klettert also auf einen Baum, sie verschafft sich Übersicht, sie kann sich um-sehen, bekommt Um-Sicht. Und das hilft nun wirklich: eine Anstrengung auf sich zu nehmen, um die Situation überschauen zu können. – Und sie sieht Rauch und hat die Intuition, daß da der Weg weiter gehen muß. Wo Rauch ist, da ist Feuer – dem

vertraut sie. Dieses Bild des Märchens ist vergleichbar einer Verlassenheitssituation, in der der Verlassene, nachdem er tief in der Depression war, sich plötzlich sagt, es müsse doch noch etwas geben, wo er sich besser fühlen könnte, und intuitiv erfaßt, wo für ihn noch ein Feuer brennt, wo Wärme zu holen ist. Diese Phase ist oft recht euphorisch enthusiastisch, bewirkt aber, daß dieser Mensch wieder eine Zukunft, eine Hoffnung hat.
Dieses Belebtsein drückt das Märchen aus, indem es das Margaretlein behende vom Baum steigen läßt und es schon in wenigen Stunden zu dem Ort kommen läßt, wo der Rauch aufsteigt.
Wo gelangt es nun hin? Zu einem Erdkühlein. Was können wir uns unter einem Erdkühlein vorstellen? Kühe geben entweder Milch oder gebären Kälber, sie sind daher ein Symbol für das Nährende und das Fruchtbare schlechthin – Milch ist ja auch ein Grundnahrungsmittel. Indem Kühe Wärme spenden, im Kuhstall eben «Stallwärme» verbreiten, Ruhe ausstrahlen, die auch als Sturheit bezeichnet werden kann, sind sie Symbol für eine Atmosphäre von Geborgenheit. Die ägyptische Nut wird als Himmelskuh dargestellt. Sie gibt den Regen, sie macht die Erde (Geb) fruchtbar, sie nimmt aber auch die Toten auf und nährt diese mit ihrer Milch. Hathor, auch sie kuhköpfig dargestellt in einer späteren Periode der ägyptischen Mythologie, ist Göttin der Frauen, der Fruchtbarkeit der Frauen, der Liebe, der Lustbarkeit, Frühlingsgöttin und Todesgöttin. Die Kuh wird mit der Muttergöttin in Zusammenhang gebracht, vor allem in ihrem nährenden, fruchtbaren und Geborgenheit spendenden Aspekt. Sie ist aber auch immer erdverbunden durch ihre Schwere.
Nun wird diese Erdverbundenheit in unserem Märchen durch den Namen «Erd-Kühlein» noch besonders betont.

Wird damit suggeriert, daß diese Kuh auch wieder in die Erde muß und aus der Erde kommt? Oder aber daß sie auch die Erde verkörpert, auf der dieses Mädchen stehen kann, in der es wachsen kann. Zwei Symbole der großen Mutter kommen hier zusammen: die Erde als tragender Grund allen Lebens, und die Kuh als Nahrung spendendes, Fruchtbarkeit bringendes Prinzip des Lebens. Scherf will in dieser Kuh die verstorbene Mutter des Mädchens sehen. Mir ist das etwas zu konkret. So oder so: wenn die reale Muttergestalt an Wirksamkeit verliert, dann trägt und stört das archetypisch Mütterliche, hier ausgedrückt in der Erdkuh. Wie dieses archetypisch Mütterliche auftritt, hat wesentlich damit zu tun, wie die eigene Mutter den Mutterarchetyp evoziert hat, wie die eigene Mutter oder das Mütterliche im Vater das Bild des Mütterlichen im Kind und das Vertrauen ins Mütterliche geweckt haben. In einer Ablösesituation wird sich jeder Mensch auf dieses archetypisch-Mütterliche zurückziehen.

Wie definiert sich nun aber dieses Erdkühlein selbst? «Ich laß dich nicht herein, du verheißest mir denn, dein Lebtag bei mir zu bleiben, nichts von mir zu erzählen und mich nicht zu verraten.»

Wollte die Stiefmutter sie um jeden Preis loshaben, dann haben wir hier ein Mütterliches, das das Margaretlein um jeden Preis behalten will. Das Erdkühlein bietet Geborgenheit und Nahrung und schöne Kleidung, die ihrerseits wieder recht viel mit Geborgenheit zu tun haben könnte, sind es doch Kleider aus Samt und Seide, und das sind Stoffe, die sehr weich, sehr schmeichelnd sind, dem Körper das Gefühl von Geborgenheit vermitteln.

Die Geborgenheit ist aber auch eine Abgeschlossenheit und kann zur Enge werden; ein Ausschließlichkeitsanspruch kommt vom Erdkühlein, der natürlich auch Sicherheit gibt. – Wir wissen jetzt schon, daß das Margaretlein eines Tages diese Idylle verraten muß, damit das Leben weitergehen kann.

Diese Phase beim Erdkühlein, das zudem noch in einem kleinen Häuslein wohnt, das man vielleicht auch als Höhle auffassen kann, um alle diese beschützenden, umschließenden, dann auch irgendwann einengenden Symbole des Mütterlichen zu sammeln, kann man als Inkubationsphase auffassen, als Phase des Nachreifens, oder als Phase des Reifens überhaupt, in der Margaretlein sich eben nochmals nähren läßt, um dann die Ablösephase wirklich durchzustehen.

Der Aufenthalt beim Erdkühlein ist mehr als der Ausdruck für eine Wiederannäherungsphase, die wir bei jedem Ablöseprozeß kennen und die dann einsetzt, wenn wir über die Trennung und unsere neugewonnene Autonomie erschrecken und nochmals in die alte Abhängigkeit flüchten, um dann in einem nächsten Anlauf uns zu trennen. Margaretlein hat ja auch ein spezielles Ablöseproblem, wird *sie* doch eigentlich verlassen, zunächst von der persönlichen Mutter, dann von der Stiefmutter und in gewissem Sinn auch von der Patin. Vielleicht wird sie verlassen, weil sie selber nicht zur rechten Zeit geht; vielleicht, weil in einer Situation, in der Harmonie so wichtig genommen wird, Trennung kein Thema ist.

Bei einem realen Kind, das in einer Familie lebt, in der es ausgestoßen wird, sei das nun durch Neid, oder dadurch, daß die Eltern keine Beziehung zu ihm aufnehmen können, käme wohl, nach einer Phase der großen Unruhe, der Depression, auch eine Phase des Rückzugs in lebendige, nährende Phantasien, die sehr getrennt gehalten werden vom alltäglichen Leben. Diese Phantasien dürften um Geborgenheit, aber auch um Schönheit und Zärtlichkeit kreisen und dem Kind eine große Befriedigung geben. – Mit dieser Phase beim Erdkühlein dürfte ein Rückzug in ein lebendiges, nährendes Phantasiegebilde, das von der übrigen Welt sorgfältig abgeschlossen wird, dargestellt sein. Dieser Rückzug ist mit der Inkubationszeit für eine Persönlichkeitsentwicklung, die ich als schöpferischen Prozeß verstehe, gleichzusetzen.

Irgendwann wird die Schwester von Reue gepackt. Wir können die Schwester als wirkliche Schwester auffassen, die sich nun ihrer Schwester, die zurückgezogen, abgeschlossen, wohl etwas geheimnistuerisch lebt, nähern will, vielleicht, weil es ihr wirklich leid tut, daß sie die Schwester so ausgestoßen hat. Wir können die Schwester aber ebenso sehen als Seite in Margaretlein – wenn wir wiederum ernst nehmen, daß wir unsere ganze Familie ja auch sind, und dann könnte diese Schwester die Phantasie, andere neidisch zu machen, verkörpern. Denn wenn man schon in Samt und Seide geht wie eine Fürstin, dann ist es doch eigentlich schade, wenn das niemand sieht. Wenn diese Familie so sehr vom Neid geprägt ist, dann wäre es noch naheliegend, daß Margaretlein natürlich dabei auch nicht verschont ist, und daß sie nicht nur gesehen werden will, sondern daß die andern dabei ruhig neidisch werden sollen. – Wir wissen, wenn sie ihrer Schwester das Geheimnis verrät, so muß das Erdkühlein geopfert werden. Im Moment, in dem man eine solche Phantasiewelt für irgendjemanden öffnet, ist es nicht mehr dieselbe Welt, dann ist sie schon geopfert. Im Moment, wo sie sich dem Neidschatten öffnet, da ist sie schon gar nicht mehr in dieser unschuldigen Welt des Erdkühleins, da ist sie auf Mitmenschen bezogen. Aber das Erdkühlein ist nicht ganz verloren, es muß sich bloß wandeln. Die Wandlung wurde also durch das Einbrechen des Schattens in die Wege geleitet.

Das Erdkühlein selbst hat dem Mädchen noch gesagt, wie es erhalten bleibt: Schwanz, Horn und Schuh soll es sich erbitten und in die Erde eingraben. Mit Schwanz, Horn und Schuh greifen Kühe an und verteidigen sich, sie könnten also stehend für die Haltung des Sich-Wehrens, des Sich-nicht-unterkriegen-Lassens. Im Volksglauben liegt die Essenz einer Kuh und eines Wesens überhaupt in Knochen und Horn. (Daher der Reliquienglaube.) Das Erdkühlein sagt dem Margaretlein aber auch, daß es «übler gehalten werde denn je». Das Margaretlein weiß, daß dieses Opfern der Erdkühlein-Welt eine schwierige Zeit für sie werden wird. – Sie muß sich ja nun wieder ablösen von dieser Phase, in der sie sich mit ihrer Erdkühlein-Phantasie so wohl gefühlt hat, und auch wenn wir es als entscheidende Wandlung in Richtung auf das Leben zu sehen, ist die Phase der Wandlung immer eine sehr schwierige Phase der Zerrissenheit, der Fragmentierung. Das ist Grund genug zum Weinen. Nehmen wir an, das Margaretlein lebe in einer Familie, die von Neid geprägt ist, die Schwester hat sich ihr angenähert, und das Margaretlein hat ihr Geheimnis verraten, da müßte doch Neid und Spott einsetzen, müßte sie hochmütig gescholten werden, wäre gekränkt und hätte doch die Rückzugsmöglichkeit nicht mehr.

Eine junge Frau, die eine ältere Schwester, aber keine Brüder hat, die das Gefühl nie losbekam, von ihrer Mutter nicht geliebt zu werden, hatte als Kind ein Gespräch zwischen ihrer Mutter und ihrer Schwester belauscht, in dem die Schwester die Mutter fragte, ob man sie, die jüngere Schwester, denn nicht in ein Heim geben könne. Ihre Mutter habe darauf ausweichend geantwortet. Auf jeden Fall aber sei sie selbst sich ungeheuer ausgestoßen und allein vorgekommen und habe sich vorgenommen, jetzt selbständig zu werden. Sie war damals etwa 10 Jahre alt. Dieses Selbständigwerden ging so vor sich, daß sie sich in einem verlassenen Schober einen Verschlag einrichtete und alles, was schön und weich und warm war, dorthin brachte: Früchte, Vorräte, warme Decken usw. Dort verbrachte sie einen großen Teil des Tages und phantasierte. Sie phantasierte sich als erwachsene Frau, ihre Prinzen, aber auch eine tolle Berufstätigkeit, die sie immer wieder veränderte, sie phantasierte wunderbare Kleider usw. Sie fühlte sich ungeheuer selbständig und wohl und war ganz überzeugt, etwas zu haben, was sonst kein Mensch auf der Welt hatte. Ihr Geheimnis hütete sie zunächst eifersüchtig. Durch ihre Schober-Welt bekam sie große Distanz zu Mutter und Schwester, weniger zum Vater, den sie im Verdacht hatte, in seinem Büro auch eine Art Schober-Welt zu haben. Zunächst wurde sie von Mutter und Schwester nicht beachtet, dann fing sie an, sehr viel selbstbewußter zu werden, und daraufhin begann die Schwester, sich für sie zu interessieren. Sie selber hatte durch die große Distanz zu Mutter und Schwester auch das Bedürfnis, sich ihnen wieder näher anzuschließen, und eines Tages zeigte sie der Schwester den Verschlag im Schober. Damit aber war er für sie erledigt, sie ging nie mehr hin, vergaß ihn aber nicht; allerdings war sie auch von der Schwester sehr ausgelacht worden, und das bewirkte, daß sie sich von ihr abwandte, zumindest für einige Zeit, und sich anderen Menschen zuwendete. Sie ist überzeugt davon, daß diese Schober-Welt für sie ungeheuer wichtig war.

Jeder von uns hat wohl eine solche Schober-Welt, jede Ablösung scheint diese Phase zu haben, wo der Rückzug zu den nährenden Phantasien wichtig wird, wenn man diese zulassen kann.
Im Märchen weiß Margaretlein aber nicht nur, daß es ihr übler ergehen wird als je, sie weiß auch, daß aus Schwanz, Horn und Schuh ein Baum wachsen wird, und daß sie durch den Baum eine «mächtige» Frau werden wird. Die Phantasie war also so nährend, daß sie durch sie eine Vision ihrer selbst und ihrer Zukunft bekam, weit über die Phase des Verlustes und der Fragmentierung hinaus.
Der Baum wird auch Früchte tragen – im Sommer und im Winter; er wird ein außerordentlich fruchtbarer Baum sein. Das Märchen zeigt klar die Parallele zwischen ihrem

Baum und ihrem Frau-Sein. Der Baum wird ja oft mit dem Menschen verglichen; er steht aufrecht wie der Mensch, wächst, vergeht, trägt Früchte, verliert sie usw. Der Baum wird aber auch oft zur Darstellung des ganzen Lebens gebraucht, besonders auch in Verbindung von Erde und Himmel als Weltenbaum oder Lebensbaum. Ihr Baum steht da für ihre einmalige Persönlichkeit, ihr Stehen und Wachsen in der Welt, mit niemand anderem vergleichbar, mit ihren Entwicklungsmöglichkeiten und ihrer Fruchtbarkeit (Äpfel), aber auch mit ihren erotischen Möglichkeiten. Äpfel sind einerseits ein altes Fruchtbarkeitssymbol, aber auch ein Liebessymbol, und daher ein Symbol der ewigen Jugend oder der Unsterblichkeit, denn in der Liebe bleiben wir ewig jung.

Und schon bald kommt jemand, der von diesen Äpfeln haben will: ein gewaltiger Herr, der auch seinen Sohn mitbringt, dem jedoch vorerst «etwas fehlt», der Fieber oder «kalte Wehe» hat. Dieser Sohn sagt deutlich, was er braucht: er braucht Äpfel, er braucht Eros, er braucht Wärme, dann vergeht sein Fieber. Auch hier wird sichtbar, daß immer dann, wenn im Bereich des Weiblichen eine Entwicklung gestört ist, auch das Männliche vom Problem mitbetroffen ist. Hatten wir zu Beginn des Märchens diesen unbedeutenden Vater, dann jetzt den mächtigen Herrn, der aber einen kranken Sohn hat, der wohl seinerseits auch mit seiner Ablösung Schwierigkeiten hat.

Noch einmal wird deutlich, daß nur das Margaretlein mit ihrem Baum umgehen kann. Wenn Schwester oder Mutter einen Apfel pflücken wollen, dann zieht der Baum die Äste hoch. Und nur mit den Äpfeln dieses Baumes kann der Sohn des gewaltigen Herrn gesund gemacht werden. In der Übergabe der Äpfel ist auch die Liebes-Beziehung zu diesem jungen Mann angedeutet.

Margaretlein zieht mit diesen Männern weg, nachdem sie ihnen ihre Geschichte erzählt hat. Wie oft im Märchen ist es hier wichtig, daß sie ihre Geschichte noch einmal vor jemandem ausbreiten und damit auch sich selbst noch einmal erklären kann, was ihr eigentlich geschehen ist; dann erst kann sie weggehen. Aber wundern wir uns nicht ein wenig, daß sie nicht nur den Baum ausgräbt und mitnimmt, sondern auch noch den Vater? Unsere Vermutung zu Beginn der Interpretation, daß sie wohl eine besonders enge Beziehung zum Vater gehabt haben dürfte und damit den Neid erregte, könnte wohl stimmen. Die neidische Schwester und die neidische Mutter bleiben zurück. Sie haben Margaretlein in eine große Verzweiflung, damit aber auch in eine große Entwicklung gestürzt: durch ihren Neid. Er sollte sich zwar ihrer Ansicht nach destruktiv auswirken, hat nun aber bewirkt, daß das Margaretlein sich von Mutter und Schwester trennen und seinen Weg finden mußte und so reifte, daß nun vielleicht wirklich Grund zum Neidischwerden bestünde, bedenkt man, wie ungewandelt die Mutter und das Annelein in ihrem giftigen Neid noch immer leben. Sie haben damit etwas in Gang gesetzt, was Neider unfreiwillig immer tun: Neider phantasieren oft bestehende Möglichkeiten für jemanden, der diese selber noch gar nicht sieht, und bekämpfen sie bereits. Dadurch entsteht ein Anreiz, diese besten Möglichkeiten auch zu verwirklichen.

Nicht jeder erregt Neid. Der Neiderregende muß etwas an sich haben, was über das Gewöhnliche hinausgeht, etwas Besonderes, und er bildet auch für andere den Anstoß, etwas Besonderes im eigenen Leben zu erfüllen. Neiderreger, die dadurch neidisch machen, daß sie ihren Baum gefunden haben und ihn gegen keinen vertauschen wollen, die ihn lieben mit Wunden, Verknorzungen, toten Ästen, mit der ihm eigentümlichen Schönheit und den Früchten, die zu ihm gehören, könnten zugleich anstiften, den eigenen Baum zu suchen und zu lieben, so wie er halt ist.

Mutter und Schwester im Märchen haben diese Chance nicht wahrgenommen, die sich ihnen geboten hätte, dadurch daß sie den Neid spürten. Sie hätten ihren Neid als Anruf an sich selbst verstehen können, Anruf in dem Sinne, ihr Potential stärker zu entfalten. Sie haben es vorgezogen, in ihrem Neid destruktiv zu werden, verbohrt. Sie sind bis zum Ende des Märchens neidisch geblieben. Das Märchen legt einem nahe, die Neider, die einen nicht mehr zu großen Veränderungen und Entwicklungen anstacheln können, weil der Baum ja da ist, schließlich zu verlassen. Weil man jetzt aus sich und für sich selbst tut, was not-wendig ist, weil man Äpfel hat, die andere mögen, weil man lieben kann, Liebe schenken kann, also reich ist, kann man diese Neider hinter sich lassen, sich selbst überlassen.

Wenn es für jemanden evident ist, daß er den je eigenen Lebensweg geht, daß er seinen eigenen Lebensbaum gefunden hat, um mit dem Märchen zu sprechen, und dadurch reich und fruchtbar geworden ist, dann ist der Neid nicht mehr nötig, dann hat er ihn überwachsen. Neid ist ja auch immer der Wunsch, ein anderer zu sein als man ist, ein Schielen danach, ob ein anderer Baum womöglich nicht doch noch schöner sein könnte als der eigene.

Das Märchen gibt uns am Schluß den Eindruck, daß hier ein wichtiger Entwicklungsschritt gelungen ist; die Ablösung von Mutter und Schwester, die unter der Dominanz von destruktivem Neid stehen, ist erfolgt. Das kann man wiederum intrapsychisch sehen: Das von der Mutter Geprägte in der eigenen Persönlichkeit, das dazu neigt, dem Lebendigen mit einer Neidhaltung zu begegnen, das auch

einen Neidschatten, die Schwester, kreiert hat. Das Margaretlein ist dann als das Ego zu sehen, das sich von der Dominanz des Mütterlichen und Schwesterlichen in diesem Neidaspekt ablösen muß und kann.
Die Ablösung vom Vater und vom Väterlichen steht noch aus, dürfte als nächstes in Angriff zu nehmen sein.
Bei diesem Entwicklungsgang hat das Margaretlein den Reichtum der Natur wieder ins Leben hereingeholt, wie er sich darstellt im Erdkühlein und dann in dem Baum, der daraus wird. Die Probleme des Neides und der Destruktion – Neid ist ja eine besondere Form der Aggression, die sehr leicht destruktiv werden kann – sind zuletzt überwachsen: all dies geschieht in der Ablösung, die in diesem Märchen so eindrücklich als schöpferischer Prozeß gezeigt wird, ohne daß dabei verschwiegen würde, welche Schmerzen, welche Einsamkeit, welche Trauer damit verbunden sein können und ausgehalten werden müssen.

DAS MÄDCHEN
MIT DEN GOLDENEN ZÖPFEN

Ein König hatte einen Maier in der Nähe seines Schlosses; dieser starb und hinterließ einen Sohn namens Tilio und eine Tochter. Diese war ein wunderschönes Mädchen, aber es lag auf ihr der Zauberbann, daß kein Sonnenstrahl auf sie fallen durfte, sonst würde sie durch eine geheime Zauberkraft augenblicklich in den Bauch eines großen Walfisches versetzt worden sein. Drei wunderbare Eigenschaften zeichneten sie aus: sie hatte goldene Haare, dann durfte sie nur die Hände reiben, und es fielen, so lange sie rieb, die schönsten Weizenkörner aus ihren Händen auf den Boden, und endlich, wo sie nur den Fuß hinsetzen mochte, da erglänzten ihre Fußspuren vom reinsten Golde. Aber dem Könige war sie unbekannt geblieben, da sie ihr Zimmer nie verlassen hatte.

Mit der Zeit kam dem Könige – denn er war noch jung – die Lust zu heiraten, und da Tilio bei ihm in Gnaden stand, zog er ihn ins Vertrauen und verlangte seinen Rat zu hören. Tilio schlug dem Könige viele Prinzessinnen und edle Fräulein vor, aber keine gefiel demselben. Endlich erzählte er, daß er eine wunderschöne Schwester habe und welche Eigenschaften sie besitze, verhehlte aber dabei nicht, welcher Zauber auf ihr laste. Da wollte der König sie sehen und befahl dem Tilio, mit einer Hofkutsche nach Hause zu fahren und seine Schwester zu holen. Tilio fuhr hin mit einem ganz geschlossenen Wagen, und nachdem er die Schwester bewogen hatte, in den Wagen zu steigen und zum Könige zu kommen, kehrte er die Pferde selbst lenkend wieder zum königlichen Schlosse zurück. Aber auf dem Wege begegnete er zwei Frauen, einer alten und einer jungen, die waren beide häßliche Hexen und stellten sich, als könnten sie vor Müdigkeit und Ermattung nicht mehr weiter. «Herr», flehten sie kläglich, «nehmt uns in Euern Wagen, sonst müssen wir hier am Wege verschmachten!» Tilio wollte nichts davon hören, aber seine Schwester bat so, daß er endlich abstieg und beide in den Wagen nahm. Während er aber weiterfuhr, bohrte die alte Hexe unvermerkt ein Loch in den Wagen, ein Sonnenstrahl

fiel auf das schöne Mädchen, und schon in demselben Augenblicke war sie im Bauche eines Walfisches im nahen Meere.
Der König wartete schon auf Tilio; war aber das eine Überraschung, als er den Wagen öffnete und statt seiner Schwester die zwei häßlichen Hexen ausstiegen! Diese hatten auch durch geheimen Zauber bewirkt, daß Tilio nicht reden durfte, und der König blieb daher bei der Meinung, die jüngere der Hexen sei wirklich Tilios Schwester. Er ließ mit wenigen Worten die beiden Hexen in eine Wohnung im hintersten Teile des Schlosses führen; als er aber mit Tilio allein war, ergoß sich sein Zorn über die vermeintliche Täuschung in vollem Strome. Der arme Tilio wollte reden und den König aufklären, aber er vermochte den auf ihm lastenden Zauber nicht zu brechen. Der König verwies ihn zwar des Hofes nicht ganz, aber er legte ihm zur Strafe auf, künftig die Gänse zu hüten.
Schon am nächsten Morgen trieb Tilio die Gänse auf die Weide und sah es nicht ungern, daß sie immer weiter und weiter sich vom Schlosse entfernten, bis sie an das Ufer des Meeres kamen. Da ging Tilio ganz nahe an das Meer hin und rief: «Walfisch, lieber Walfisch, reiche mir heraus sieben Ellen Bänder, damit ich meine Schwester sehen kann!» Nun kam sie heraus und tröstete den traurigen Bruder; zugleich rieb sie die Hände, und die Gänse pickten die Weizenkörner gierig auf. Und Tag für Tag kam Tilio zum Meere und sah seine Schwester; die Gänse aber wurden schön und fett, und sooft sie abends nach Hause getrieben wurden, schnatterten sie:

«Wir waren draußen am Meeresstrand
Und hielten ein Mahl gar reichlich und fein;
Wir sahen Tilios Schwesterlein,
Wie ist sie schön – so schön wie ein Stern,
Bald wird sie die Braut von unserm Herrn!»

Öfters hörte es auch der König und sagte zu sich: «Ei, was soll denn das Geschnatter dieser Tiere bedeuten?» – denn er verstand wohl die Worte, aber nicht den Sinn derselben.
Die beiden Hexen aber grämten sich und brüteten über einem Plane, wie sie den verhaßten Tilio sicher verderben könnten. Sie wußten mit großer Schlauheit dem Könige die Meinung beizubringen, Tilio sei ein Zauberer und er könne, wenn er wolle, in einer Nacht die schönsten Blumen und Gewächse in den Garten zaubern. Da rief ihn der König

zu sich und befahl ihm, seinen Garten mit den schönsten Blumen und Gewächsen zu schmücken. Vergebens widerstrebte Tilio und wollte den König überreden, er sei kein Zauberer und vermöge das nicht auszuführen, was ihm der König ansinne, aber dieser sprach ernst: «Wenn du in drei Tagen nicht tust, was ich dir geboten habe, so ist dein Leben verwirkt!»

Traurig trieb Tilio am folgenden Tage die Gänse auf die Weide. Als er zum Meere kam und seine Schwester wieder sah, erzählte er ihr, was ihm der König geboten habe. Sie aber tröstete ihn und sagte: «Kehre heute abends den Garten fleißig aus, und morgen wirst du sehen!» Tilio tat es, und als der nächste Morgen kam, erfüllte der Geruch der herrlichsten Blumen die ganze Gegend um das Schloß; das war eine Pracht, wie man sie nie geschaut hatte. Der hocherfreute König nahm nun Tilio wieder zu Gnaden auf und wollte, er solle bei ihm im Schlosse bleiben; aber dieser erbat sich die Gnade, wie bisher Gänsehirt bleiben zu dürfen. Sonst hätte er ja seine liebe Schwester nicht mehr täglich sehen können.

Die beiden Hexen aber ruhten nicht und brachten dem Könige den Glauben bei, Tilio könne, wenn er wolle, auch alle Arten von Brücken und Brücklein in den Garten zaubern. Der König rief ihn und legte ihm unter derselben Drohung wie das erstemal das Gebot auf, ihm seinen Willen zu tun. Tilio ging zu seiner Schwester und erzählte es ihr, diese aber sprach: «Kehre heute abends die Mauern des Schlosses rein vom Staube und von den Spinnegeweben, und morgen wirst du sehen!» Tilio tat es, und als der nächste Morgen anbrach, da standen im Garten überall an den geeigneten Stellen eine Menge zierlich geschwungener Brücken und Brücklein mit glänzenden goldenen Kugeln und gleißendem Zierat, daß es eine wahre Freude war, sie anzusehen. Der König war überglücklich; Tilio jedoch nahm wieder keine andere Gnade an als die, Gänsehirt bleiben zu dürfen.

Die beiden Hexen waren außer sich vor Wut. Mit verstellter Demut nahten sie sich abermals dem Könige und bedeuteten ihm, Tilio könne, wenn er wolle, auch Quellen und Bäche mit allen Arten von Fischen in den Garten zaubern. Der König ließ ihn kommen und befahl ihm, durch seinen nun mit den schönsten Blumen und Brücken gezierten Garten auch Quellen und Bäche mit allen Gattungen von Fischen fließen zu machen. Tilio sagte nicht ja und nicht nein, sondern trieb seine Gänse abermals zum Meere hinaus und besprach sich mit seiner Schwester. Diese sagte: «Geh hin und kehr abermals den Garten,

und morgen wird der Wunsch des Königs erfüllt sein. Wenn aber die Fische kommen, so gib wohl acht; der letzte wird ein großer Walfisch sein, aus diesem werde ich herausspringen, und du mußt mich mit den Armen auffangen. Dann bin ich erlöst.» Tilio tat, wie ihm seine Schwester geboten hatte; der König aber lud auf den folgenden Morgen eine Menge von Herren und Rittern ein.
Als der Tag anbrach, flossen durch den Garten eine Menge von Quellen und tiefen Bächen mit frischem, spiegelhellem Wasser, und als der König mit seinen Gästen in den Garten gekommen war, begann auch der Zug der Fische. Zuerst kamen die kleinen, die glänzten in allen Farben, sodann kamen die größeren mit allerlei seltsamen Farben und Gestalten, endlich die Walfische. Zuletzt kam der größte von allen, der öffnete plötzlich seinen Rachen, und heraus sprang eine Jungfrau von blendender Schönheit, die Schwester Tilios, der schon bereitstand und sie mit seinen Armen auffing.
Nun war aller Zauber gelöst, und Tilio erzählte dem König den ganzen Hergang der Sache. Da gab es eine lustige, fröhliche Hochzeit, dergleichen nie eine noch im Lande gewesen war. Die beiden Hexen aber wurden vor dem Schlosse auf einem hohen Scheiterhaufen zu Asche verbrannt.

In diesem Märchen (8) bleiben Bruder und Schwester zurück, als *Rest einer Familie*. Die Mutter scheint schon lange gestorben zu sein, der Vater stirbt auch. Es fällt generell auf, daß in den Märchen sehr häufig vom Tod der Väter und Mütter erzählt wird. Das mag zum einen damit zu tun haben, daß im 16., 17. und 18. Jahrhundert, als diese Märchen gesammelt wurden, die Lebenserwartung doch wesentlich kleiner war als heute; aber anderseits damit, daß es eines der größten Probleme darstellt – wenn die Märchen wirklich den Umgang mit Problemen lehren wollten –, wenn ein Elternteil stirbt. Trennung und Verlust sind bei Verbundenheit wohl die größten menschlichen Probleme.
Man kann diese Tode natürlich jeweils auch symbolisch interpretieren in dem Sinne, daß das Bild der Mutter oder

des Vaters und die Beziehung zu ihnen, wie sie bis dahin gegolten haben, sich radikal verändern müssen beim Verlust durch einen Tod. Normalerweise verläuft eine Ablösung schrittweise.

Ich möchte in diesem Märchen wieder von einer realen Familie ausgehen, in der die Mutter schon längst tot ist und nun auch der Vater noch gestorben ist. Dabei scheint sich die Rolle des Bruders für die Schwester und die Rolle der Schwester für den Bruder in dieser Lebenssituation besonders klar herauszukristallisieren.

Es geht in diesem Märchen aber auch ausdrücklich um eine neue Form der Paarbeziehung: stirbt doch das Elternpaar und nimmt damit der nachfolgenden Generation das Modell für die Paarbeziehung, mit dem sie sich auseinandersetzen könnte.

Das Märchen erwähnt den Fluch, der auf dem schönen Mädchen liegt: Hängt dieser Fluch mit der Abwesenheit der Mutter zusammen, oder kommt er von noch weiter her? Wenn eine Mutter so unwichtig ist, daß das Märchen nicht einmal ihren Tod erwähnt, dann liegt wohl ein Fluch über dem Weiblichen, damit aber auch ein Fluch über der Beziehung von Mann und Frau, ja der Beziehungen überhaupt. – Wenn ein Fluch auf einem Mitglied der Familie liegt, dann liegt er meistens auch auf den anderen. Hier dürfte also auch der Bruder unter dem Fluch zu leiden haben – wenn auch in anderer Weise als die Schwester.

Versuchen wir, uns dieses Mädchen zu vergegenwärtigen: Drei wunderbare Eigenschaften zeichnen sie aus: sie hat goldene Haare; wenn sie die Hände reibt, fallen die schönsten Weizenkörner aus ihren Händen auf den Boden; wo sie den Fuß hinsetzt, erglänzen ihre Fußspuren von reinstem Gold.

Das ist wirklich ein ganz besonderes Mädchen mit wunderbaren Eigenschaften. Bevor wir diese zu verstehen suchen, müssen wir uns nochmals die gesamte Bilderwelt dieses Märchens in Erinnerung rufen und wahrnehmen, daß das Märchen einen sehr blumigen, bilderreichen Stil hat – auch für ein Märchen. Es ist ein sehr phantastisches Märchen. So wie verschiedene Menschen verschiedene Traumstile haben, haben verschiedene Völker auch verschiedene Märchenstile: nicht die Symbole an sich sind verschieden, sondern ihre Ausschmückung. Und dieses Märchen hier gleicht schon fast ein wenig den Märchen aus Tausendundeiner Nacht.

Indem ich diese Anmerkungen mache, relativiere ich die Beschreibung des Mädchens, um sie nicht ganz und gar so außermenschlich wunderbar erscheinen zu lassen. Das Bedürfnis, dieses so ganz und gar ideale Mädchen menschlicher zu sehen, könnte ein weiterer Schlüssel für die Interpretation des Märchens sein. Probleme der Idealisierung und der damit zusammenhängenden Entwertung dürften wichtige Aspekte der Thematik des Märchens und damit auch der Interpretation sein. Hier wird durchsichtig, daß große Idealisierungen den Menschen aus der Sphäre des Menschlichen herausheben und ihn dadurch in eine große Isolierung bringen.

Wir haben also wiederum ein Mädchen mit goldenen Haaren, vermutlich mit goldenen Zöpfen vor uns, sonst wären sie nicht sogar im Titel des Märchens genannt. Die goldenen Fußspuren kommen hinzu. Die hervorgehobene Rolle des Goldes zur Charakterisierung dieses Mädchens gibt Anlaß, über die Symbolik des Goldes nachzudenken:

Da das Gold zur Sonne weist, wird die Trägerin der goldenen Haare als ein ganz besonderes Mädchen, ein «wunderbares Mädchen» bezeichnet, das, von Kopf bis Fuß mit dieser Goldqualität ausgestattet, schon fast ganz «golden»

ist (vgl. den Ausdruck: ein goldener Schatz von einem Mädchen). Sie ist so schön, daß selbst die Sonne eifersüchtig wird. In ihr konzentrieren sich drei verschiedene Bedeutungen des Goldes: das Sonnenhafte, Erwärmende, das Strahlende und Erleuchtende, das Wertvolle: in ihr will sich etwas offenbaren an geglücktem Leben.
Das Leuchten des Goldes hat seine Entsprechung im Leuchten von Sonne, Mond und Sternen. Insofern kann im Gold das Hereinholen des Kosmischen ins Erdenleben ausgedrückt sein, das Hereinholen der Transzendenz; gleichzeitig ist es auch Ausdruck für das Hineinreichen des Gold-Trägers in die Transzendenz. Gold ist relativ unzerstörbar, hat dadurch auch einen Aspekt der Dauer, der Ewigkeit. All das hat wohl bewirkt, daß man dem Gold einen hohen Wert zugeschrieben hat, und so gilt es denn auch als wertvoll und zeichnete den, der mit Gold in Zusammenhang steht, als einen mit «Werten bedachten Menschen» aus, im Märchen als einen besonderen Menschen. Ein anderer Aspekt im Zusammenhang mit Gold ist natürlich die Goldgier, das Protzen mit Gold (9).
Der Zusammenhang mit den Lichtquellen erschließt die Erkenntnis- und Erleuchtungssymbolik im Gold. Der Held, der mit Gold ausgestattet ist, der etwa goldene Haare hat, muß etwas Besonderes erkennen, oder er wird für eine besondere Erleuchtung offen sein. Er wird in Verbindung mit der Transzendenz stehen, mit dem, was über uns hinausgeht und uns entschieden wandelt: er wird in ganz großen Lebenszusammenhängen stehen und etwas Neues ins Leben hereinholen müssen.
Wohin dieses Mädchen tritt, läßt sie auch Gold, ein Glänzen, ein Strahlen zurück, was sie anfaßt im etwas übertragenen Sinn, wird fruchtbar, ausgedrückt in den reifen Weizenkörnern – auch das ein Goldaspekt! –, die sie aus

ihren Händen reiben kann. Mit dieser wunderbaren Gabe, reife Weizenkörner aus den Händen reiben zu können, erinnert sie an die griechische Muttergöttin Demeter, die Göttin der Fruchtbarkeit, des Wachstums, insbesondere auch des Ackerbaus und des Getreides: auch wenn in übertragenem Sinne wirklich nur ausgedrückt ist, daß alles, was sie anfaßt, fruchtbar wird, fruchtbar werden kann, daß sie jemand mit einer «goldenen Hand» ist. Beschriebe ein Bruder seine Schwester nur annähernd so, wie es in diesem Märchen ausgedrückt ist, würden wir sagen, er idealisiere sie ungeheuer. Sie wird ja auch dargestellt als ein Wesen halb Sonnengöttin, halb Fruchtbarkeitsgöttin, die Schönheit des Himmels und die Fruchtbarkeit der Erde zugleich verkörpernd.

Hier könnte ein Hinweis darauf zu finden sein, wo der Fluch den Bruder trifft: Wenn ein Knabe die Mutter früh verliert, dann hat er die Tendenz, die verstorbene Mutter zu idealisieren, damit aber auch das Bild der Frau, das zunächst auf die Schwester projiziert wird. Da dann keine lebendige Frau an dieses idealisierte Bild heranreicht, werden die Frauen dann sehr leicht entwertet.

Wenn ein Mädchen in solchem Lichte beschrieben wird, fehlt auch der Schatten nicht. Kein Sonnenstrahl darf auf das goldene Mädchen fallen, sonst wird sie durch eine geheime Kraft in einen Walfischbauch versetzt – in völlige Dunkelheit. Wenn kein Sonnenstrahl auf sie fallen darf, dann lebt sie wohl jetzt schon in völliger Dunkelheit. Sie darf ihr Zimmer nicht verlassen, sagt das Märchen. Ihr Fluch ist, daß sie festgehalten ist mit all ihren Reichtümern, daß sie diese nicht leben und zeigen kann. Von wem ist sie festgehalten? Ist die Sonne eifersüchtig auf sie? Haben wir hier versteckt eine Mutter-Tochter-Problematik, bei der die Tochter Gefangene ihrer Mutter bleibt, das heißt,

Tochter bleiben sollte und nicht zur Frau und Partnerin heranreifen darf? Haben wir auch noch eine Ablösungsproblematik der Tochter von der Mutter vor uns, in einer Zeit, wo das Weibliche am Hofe nicht vertreten ist, also kollektiv unbedeutend ist, dafür aus der Ferne idealisiert wird?

Wir haben ein Mädchen vor uns mit allen Gaben, die man sich nur wünschen kann, aber es ist eingeschlossen, gefangen in einem sie allerdings auch bergenden Raum. Wenn die Sonne auf sie schiene, wenn sie also unter normale Menschen käme, dann würde sie in einen Walfischbauch gezaubert. Und das wundert mich nicht: der Außenwelt wäre wohl ihr ganzer Glanz verborgen, vielleicht wäre sie ein stummer Fisch. Aber alle diese Symbole, das Zimmer, die Kutsche, der Walfisch sind Symbole, die in einem weiteren Rahmen an das Umschließende, Bewahrende, aber auch Eingrenzende des Mütterlichen erinnern. Sie ist Gefangene im Mütterlichen, ein Autonomieschritt fehlt.

Der Fluch ist wohl der, daß die Mutter nicht mehr da ist, daß das Mädchen sich daher mit der archetypischen Mutter identifiziert, und zwar mit ihrer strahlend glänzenden und mit ihrer fruchtbaren Seite. Sie erscheint uns göttinnenhaft. Aber sie kann ihr Potential nicht leben.

Im Märchen ist ein Prozeß beschrieben, der immer wieder zu beobachten ist: Stirbt eine hinreichend gute Mutter, fällt die persönliche Mutter aus und wird auch nicht durch eine andere personale Beziehung ersetzt, dann konstelliert sich die archetypische «Große Mutter». Das Mädchen fühlt sich dann als Tochter der Großen Mutter, hier einer Mischung von Sonnengöttin und Fruchtbarkeitsgöttin; die Zugehörigkeit zu diesen göttlichen Figuren wird stark betont. Diese Identifikation verleiht solchen Menschen etwas Besonderes, was zum Idealisieren geradezu herausfordert.

Ich denke in diesem Zusammenhang an eine Frau, die ihre Mutter, die sie sehr liebte, mit 8 Jahren verloren hatte. Die Mutter war lange krank gewesen. Sie versuchte auch, dem Kind etwas über den Tod zu sagen, und deutete dabei dem verzweifelten Kind an, sie werde vom Jenseits aus auf es aufpassen, sie sei dann mächtiger. In der Phantasie des Mädchens wurde die Mutter zu einer Mischung von Frau Holle, einer großen, strahlenden Frau, halb wie die Sonne, halb wie die Maria. Obwohl das Mädchen die Mutter sehr vermißte, kam es sich auch als bevorzugt vor, galt als ein strahlendes Kind – nur nicht von dieser Welt. Es hatte einen ungeheuren Reichtum, aber niemand durfte wirklich daran teilhaben. Viel stärker noch als andere Menschen empfand es sich als ein dauerndes Versprechen, das es nicht einlösen konnte.

So ähnlich könnten wir uns das Mädchen mit den goldenen Zöpfen vorstellen: es identifiziert sich mit dem Mutterarchetypus, vor allem mit den Aspekten der Fülle, des Reichtums, des Strahlens und des Nährens. Diese Größenphantasie ist nicht lebbar, nicht umsetzbar, sie kann nicht ans Licht kommen. Das Mädchen hat zwei Möglichkeiten – entweder ist sie strahlend oder aber depressiv, inaktiv, «verschlungen». Das Eingeschlossensein im Zimmer kann man auch als eine geforderte Zurück-Haltung sehen, um nicht in dieser Größenphantasie verletzt zu werden. Nicht realisierbar ist die Größenidee, weil damit das Identifikationsmodell der lebendigen Mutter fehlt und die Möglichkeit der Auseinandersetzung mit ihr.
Als zusätzliche Schwierigkeit kommt hinzu, daß der Vater auch noch gestorben ist. Um aus einer so abgeschlossenen, wunderbaren Mutterwelt herauszukommen, müßte die Verbindung zum Männlichen geschaffen werden, müßte sich der Vater für sie interessieren. Aber er stirbt. Und mir schien auch schon vorher eine Spaltung da zu sein: hier die Schwester, in einem mütterlichen Bereich – dort, am Hofe, die Männer. – Der Wunsch des Königs zu heiraten ist als

Wunsch zu sehen, diese beiden voneinander getrennten Welten wieder zusammenzufügen. Aber so einfach ist das nicht: Tilio – der Bruder – wird zum Vermittler zwischen dem König und seiner Schwester. Selbstverständlich könnte man Tilio als «alter ego» des Königs auffassen, als dessen Seite, die in Beziehung treten will und in Beziehung treten kann. Ich möchte hier aber auf der Ebene des Familienmärchens bleiben und Tilio wirklich als Bruder der Schwester und als Freund des Königs sehen, denn Brüder haben ja oft die Funktion, eine Brücke zwischen den Freunden und ihren Schwestern zu schlagen, so wie sie ja auch für das Mädchen oft so etwas wie die ersten Freunde sind (ohne daß man das zugäbe), zumindest männliche Wesen, mit denen man sich auseinandersetzen kann und muß; insofern sind sie auch Brücke zu Partnern hin. Dasselbe gilt auch umgekehrt von der Rolle der Schwester für den Bruder. Das gilt besonders dann, wenn die Eltern verstorben sind. Aber auch bei der Ablösung innerhalb einer vollständigen Familie gilt, daß irgendwann mütterlicher Rat und Trost bei der Schwester, väterlicher Rat und Schutz beim Bruder gesucht wird.

Tilio gewinnt seine Schwester dafür, mit ihm an den Königshof zu fahren. Er versucht also, ihren Lebensbereich auszuweiten, und sie läßt sich überzeugen.

Natürlich sind am Wege die Hexen – auf die hat man ja schon lange gewartet. Wenn das Mädchen so sehr mit dem positiven, hellen Aspekt des Frau-Seins identifiziert ist, dann muß der dunkle Aspekt abgespalten sein. Und dieses abgespaltene Weibliche muß sich konstellieren, sobald sie den sie schützenden Raum verläßt. So sagt es auch der Fluch. Und das ist auch der Fluch jeder Einseitigkeit: die andere Seite konstelliert sich nach einiger Zeit unweigerlich, sonst kann auch keine Entwicklung einsetzen.

Hexen sind vielschichtig. Sie setzen dem Helden oder der Heldin Widerstand entgegen, und am Widerstand reifen die Helden, setzen ihre Möglichkeiten, ihr Potential frei.
Die Schwester, offenbar ohne jeden Argwohn, ohne jede Phantasie im Bösen – wie sollte sie auch als ein Kind, das so sehr durch Gold und Reichtum, durch «helle» Qualitäten definiert ist –, gerät, mitleidsvoll wie sie ist, unter den Einfluß der Hexen, die sich zunächst als sehr müde und ermattet geben. Kaum verläßt sie ihren Raum – auf dem Weg zum König –, da erfüllt sich der Fluch: sie findet sich im Walfischbauch im nahen Meer wieder. War sie in ihrem Zimmer schon gefangen, so scheint sie mir jetzt noch gefangener, allerdings in einem mobilen Gefängnis. Aber für sie muß es doch dunkel sein, sie muß sich abgeschnitten fühlen, vielleicht auch geschützt. Ihre Sonnenähnlichkeit ist jetzt verborgen, sie ist im Dunkel – wenn auch in einem großen, kräftigen Fisch. Eine Energie-Transformation findet statt.
Wie Jona ist sie vom Walfisch verschluckt – und da wir hier eines der großen Symbolbilder vor uns haben, dürfen wir auch vermuten, daß es um eine große Wandlung geht. Man kann dieses Verschlucktwerden als Regression ins Mütterliche auffassen, zum Beispiel als ein Fallen in Depression, aber mit großer Sicherheit darf man in diesem Symbolzusammenhang darauf schließen, daß sie sich auch wieder herausentwickeln wird. Jedes Symbol schließt gewisse typische Verwicklungs- und Entwicklungsmöglichkeiten ein.
Der Walfisch ist ein Säugetier, gilt als mütterlich, ist ein «Fisch», der immer wieder an die Oberfläche kommen muß, symbolisch also Meerestiefe und Oberfläche – seelische Tiefe und die Ebene, auf der die Menschen leben – miteinander verbinden kann. Auch wenn das Mädchen im

Walfischbauch eingeschlossen ist, besteht Hoffnung, daß es nicht in einer ewigen Regression versinken wird, sondern daß diese Regression die notwendige Schonfrist gibt, in der es sich entwickeln kann. Zwar sind im Walfisch-Motiv die Perspektiven der Wandlung von der Symbolgeschichte überliefert, doch wenn wir uns in die Situation einfühlen, dann erleben wir wohl eher zunächst die Hoffnungslosigkeit, vom Mädchen her das totale Abgeschnittensein von anderen Menschen, das es einer Dynamik ausliefert, die es selber nicht beeinflussen kann. Zwar taucht der Walfisch immer wieder aus dem Wasser auf, wird an der Oberfläche sichtbar, aber nach seinem Ermessen und seinem Bedürfnis – und es ist zunächst nicht einmal sicher, daß das Mädchen von diesem Auftauchen auch eine Veränderung seiner Lebenssituation und -problematik, ihrer Beziehungslosigkeit, erwarten kann.

Wenn wir uns in den Partner einfühlen, der eine solche Partnerin hat, stimmt uns das auch nicht gerade zuversichtlich: es gibt kaum etwas Schwierigeres als einen Partner, zu dem man zwar Beziehungen haben kann, der aber – ohne Vorwarnung und ohne ersichtlichen Grund – plötzlich weit weg sein kann, un-ansprechbar, wie «untergetaucht», von etwas verschlungen, was man nicht zu erkennen vermag. Das wirkt wirklich «verhext».

Am Königshof treffen dann auch – statt der wunderschönen jungen Frau – häßlichen Hexen ein. Der König gibt sich recht selbstbeherrscht und auch kritisch; in anderen Varianten heiratet er ja die Hexentochter!

Diese Situation kann auf verschiedene Weise verstanden werden. Tilio hat seine Schwester ungeheuer idealisiert. Sie kann aber ihre guten Seiten nur leben, wenn sie für sich ist. In dem Moment, wo sie mit dem König zusammentrifft, sieht er die «andere» Seite von ihr, die hier als Hexe dargestellt ist. So etwas kann leicht geschehen, wenn jemand so idealisiert worden ist. Für das Mädchen bliebe dann nur der emotionale Rückzug, fühlt es sich doch in seinem wahren Wesen nicht erkannt.

Eine andere Möglichkeit ist die, daß der König Probleme mit Frauen hat, daß sie in seinen Augen Göttinnen sein müssen und daß er von Tilio auch darin bestärkt wurde. Nun kann er von einer realen Frau natürlich nur enttäuscht sein, da sein Bild der Frau in strahlende Göttin und Hexe gespalten ist, was sich praktisch zum Beispiel so zeigen kann, daß Frauen, solange sie in sicherer Distanz sind, von ihm idealisiert werden, wenn sie jedoch nahe kommen, entwertet werden. Dies kränkt die Frau, und sie wird zurückgezogen – in den Walfischbauch, um im Bild zu bleiben.

Die Analysandin, die ich erwähnte, schilderte das für sie eigentümliche Beziehungsverhalten so:
Ihr Problem, weshalb sie in Therapie kam, war, daß sie ungeheure Beziehungsprobleme hatte. Sie fühlte sich innerlich reich und wollte ihren Reichtum in einer Beziehung auch leben. Immer wenn sie mit einem Mann in Beziehung trat oder er mit ihr, erlebte sie zunächst wirklich einen Moment des größten Reichtums, der Nähe, des Fließens; sie wurde von den Männern auch als eine strahlende Gestalt erlebt, dann aber idealisiert, und das erschreckte sie. Sie fühlte sich dann plötzlich wie abgeschnitten, konnte nichts Rechtes mehr sagen, fühlte sich überfordert. Sie überforderte die Männer aber auch ihrerseits mit ihrem Anspruch auf einen sehr differenzierten Eros. Wenn er nicht ganz erfüllt wurde, fühlte sie sich zurückgestoßen und wurde dann depressiv, bekam auch Schuldgefühle, als ob sie wiederum eine mögliche Beziehung zerstört hatte. Sie zog sich zurück – aber ins Dunkel –, vergleichbar wohl der Situation im Walfischbauch. Nach etwa einem Jahr Therapie begegnete sie einem Mann, der sehr brüderlich mit ihr umging – ihre Rückzüge akzeptierte und nicht lockerließ, seinerseits aber offenbar auch auf schwesterliche Beziehung angewiesen war. Und das wurde für beide eine sehr erfüllte Beziehung.

Wie geht der König mit der verhexten Situation um? Weder heiratet er die Hexe, noch verstößt er den Tilio ganz; er verschafft sich eine gewisse Distanz, indem er die Hexen in den hintersten Teil seiner Wohnung sperrt und Tilio zu einem Gänsehirten macht.

Es wäre einfacher, wenn Tilio die Situation erklären könnte, aber es gehört eben zu seinem Verhextsein, daß er nicht sagen kann, was vorgefallen ist – es ist eben «wie verhext». Es ist eine ungeheure Degradierung für ihn, zum Gänsehirten gemacht zu werden. Wir wissen allerdings aus vielen Märchen, daß die Hütetätigkeit sehr produktiv sein kann – welche Tiere man auch immer zu hüten hat. Wenn einem das Hüten gelingt, kommt die rettende Idee; auch erweisen sich die Tiere, die man hütet, oft als sehr hilfreich. Hüten ist eine Arbeit des Wahrnehmens und der Konzentration auf die Kräfte, die vorhanden sind und die die Tendenz haben, sich zu verflüchtigen, so daß man immer wieder dem Irrtum verfällt, leer ausgegangen zu sein. Natürlich will das Märchen zeigen, wie sehr Tilio da in der Gunst des Königs sinkt, wie aber gerade im Annehmen dieser erbärmlichen Situation die Möglichkeit liegt, die Lebenssituation wieder zu verändern.

Die Gänse übernehmen jetzt im Märchen die Führungsrolle: sie führen den Tilio ans Meer; er aber weiß, wie er die Schwester vorübergehend aus dem Walfisch herausholen kann. Durch die Gänse und durch das Hüten der Gänse, aber auch dadurch, daß er den Gänsen folgt, bleibt er mit seiner Schwester in Beziehung, ausgedrückt in den 7 Ellen Bändern, die die beiden einander ver-binden.

Gänse sind die Vögel der Aphrodite, der römischen Juno, und gelten als Symbole der Fruchtbarkeit und der Liebe; sie gelten als treu im Paarverhalten, guseln im Schlamm und Dreck und sind auch recht aggressiv. Hexen können

Gänsefüße haben oder in Häuschen wohnen, die auf Gänsefüßen stehen. Gänse verweisen also auf die Liebesgöttin und auf die Muttergöttin, damit aber auch auf die Hexe, und weisen eine Verbindung zur sehr irdischen Liebe auf. In der Gans sind auf der Tierstufe viele Aspekte des Weiblichen verbunden. Liebesphantasien, Liebesgefühle – weit weg vom Bewußtsein und nicht hochgeschätzt, sind geweckt und leiten eine neue Entwicklung ein. Es sind Liebesgefühle, die verschiedene Aspekte des Weiblichen meinen, nicht nur das Helle, «Goldene».

Im Vordergrund steht die «ver-fluchte» Situation des Mädchens im Walfischbauch. Wie ver-flucht das ist, können wir vielleicht ermessen, wenn wir uns vorstellen, wie sich ein Mann einer solchen Frau gegenüber fühlen muß: jeder Kontakt ist abgebrochen, sie fühlt sich unnahbar, verschluckt von etwas, das auch sie nicht steuern kann – sie hat wesentlich mehr als bloß eine Tier-Haut um sich. Auftauchen – wegtauchen ist ihr verhextes Prinzip. In den Gänsen indessen bahnt sich ein Entwicklungsprozeß in Richtung von Beziehung an, den man nur ahnen kann, dem man einfach intuitiv vertrauen muß, vergleichbar Situationen, in denen man von der bewußten Wahrnehmung her weiß, daß jetzt wirklich ein großes Problem besteht, anderseits aber auch fühlt, daß irgendetwas in Bewegung gekommen ist. Es sind die Situationen in der therapeutischen Praxis, in denen die Schilderung der Erlebnisse, wie die Patienten sie geben, das Gefühl der Hoffnungslosigkeit auslösen müßten, hätte man nicht gleichzeitig als Therapeut das Gefühl, daß auch eine andere Entwicklung im Gang ist, die emotionell spürbar ist, aber noch nicht in Worte gefaßt werden kann. Sie muß gleichsam «gehütet werden», bewußt wahrgenommen und zusammengehalten; es muß ihr nachgegangen werden.

Die Gänse fassen alles das in einen Reim, was in dieser Situation wichtig ist: Sie nennen den Ort, wo die Schwester ist; sie bekennen, daß sie von der Schwester genährt werden; sie erklären, daß sie so schön sei wie ein Stern und daß sie auch bald ihren Herrn heiraten werde. Reime haben etwas Magisches, etwas Beschwörendes, in ihnen wirkt nicht nur das Wort, sondern auch der Rhythmus, und der Rhythmus spricht uns emotionell an, bringt uns innerlich in denselben Rhythmus. Insofern kann ein solcher Vers Ausdruck einer intuitiven Ahnung sein, die wir zwar wie körperlich spüren, aber zunächst noch nicht verstehen, so wie der König ihn zwar hört, die Worte versteht, aber nicht ihren Sinn. Noch ist es nicht Zeit, ihm geht der Zusammenhang noch nicht auf.

Die Hexen werden zu den Gegenspielerinnen der Gänse und treiben so den Prozeß weiter. In der Auseinandersetzung der Gänse mit den Hexen, die Aspekte der Psyche verkörpern, die in den Bereich des großen Mütterlichen gehören, ist hier die Entwicklung aus der problematischen Situation heraus intendiert: erlebt wird sie wohl einfach als Konflikt, mit einer großen Spannung verbunden, die auszuhalten wichtig ist. Denn aus ihr entstehen immer wieder Phantasien oder Forderungen, die erfüllt werden müssen, die zwar zunächst als Schikanen des Lebens erscheinen, die aber letztlich Entwicklungsschritte hin zu grösserer Autonomie sind.

Jetzt soll Tilio plötzlich ein Zauberer werden und den Garten in einer Nacht mit Blumen und Gewächsen ausschmücken. – Gerade in diesem Märchen wird sichtbar, wie sehr die Hexen auch eine gute Funktion haben können; indem sie eine schnelle Lösung der Situation verhindern, wird noch viel an Lebensraum gestaltet, kann überhaupt erst die ganze Beziehungsfähigkeit ausreifen und ein

Liebesraum gestaltet werden, ein Raum, in dem die Liebe sich ausbreiten kann. Sie bieten den Widerstand, an dem man reifen kann, als Anreiz zur Entwicklung überhaupt. Das ist allerdings nur dann möglich, wenn man in Märchen nicht vollständig in den Händen der Hexen ist, wenn die Hexen nicht Hand auf alles legen, und dem ist hier nicht so.
Tilio muß also den Garten gestalten. – Was ist das für ein König, der bisher keine Blumen und Gewächse im Garten hatte, der nachher auch noch Wasser braucht? Er muß einen sehr ausgetrockneten Garten haben, bei ihm spielt die Natur wohl eine unwichtige Rolle. Das ist wohl eine Folge dessen, daß die Frauen so weit vom Hof weg sind! Die Aufgabe, einen Garten zu gestalten, kann als Versuch verstanden werden, die Natur näher zu sich heranzuholen und zu formen. Auch klingt hier das Paradiesgarten-Motiv an, wobei der Garten an sich ja auch ein Raum ist, besonders der Blumengarten, in dem sich die Seele ausbreiten kann, in dem alles Mögliche blühen und aufblühen kann. Im Garten wächst vegetatives Leben, das unser Auge und unser Herz erfreut, es geht um die Kultivierung des Seelischen und des Eros. Tilio – in der Verbindung zur Schwester – kann den Garten hervor-«zaubern».
Die Hexen drücken also in ihrem Wunsch das aus, was dem König wirklich fehlt, um in Beziehung treten zu können: ein Garten. Wenn wir uns eine Beziehung vorstellen, in der sich ein Mann – mit einem doch recht schmucklosen Schloß – einer idealisierten Frau nähert, die ihm zunächst als eher häßlich erscheint und ihm unzugänglich vorkommt, die ihn aber doch irgendwie anzieht, dann wird er versuchen, sein Beziehungsverhalten zu verändern – seine erotischen Qualitäten zu entwickeln. Daß der Zauber letztlich von der Frau ausgeführt wird, wenn

auch heimlich und nachts, hat wohl seine tiefe Richtigkeit, ist es doch die Sehnsucht nach der Frau, die in ihm die Sehnsucht nach dem Garten weckt.

Bedingung für das Zaubern ist jedoch, daß Tilio den Garten kehrt. Reinigen ist oft die erste Tätigkeit, die Voraussetzung eines Wandlungsrituals. Reinigen hat nicht nur den Aspekt, daß der alte Schmutz einmal weggekehrt wird; beim Reinigen macht man auch noch einmal eine Bestandesaufnahme des Schmutzes. Die Hoffnung auf den Zauber ist die Hoffnung, daß, wenn der alte Schmutz entfernt ist, etwas Neues blühen kann. Im Märchen gibt es ein klares Wissen darum, daß dem Ausgetrocknetsein das Blühen folgt. Und die Blumen blühen dann auch: «Es war eine Pracht, wie man sie nie gesehen hatte», sagt das Märchen. Und damit dürfte wohl ausgedrückt sein, daß vielfältige Gefühle nun erlebt werden können, ein wirklicher Gefühlsreichtum, wobei besonders die Gefühle des Blühens, des Aufblühens, des Sich-Entfaltens erlebbar werden und die Lebensstimmung natürlich grundlegend verändern.

Die Hexen wollen nun aber auch Brücken und Brücklein im Garten haben. – Brücken sind Verbindungs- und insofern Beziehungssymbole – sie bringen immer zwei Punkte miteinander in Beziehung, sie sind aber auch Übergänge. Ein wesentlicher Aspekt einer guten Beziehung ist, daß man immer wieder Brücken zueinander schlagen, immer wieder die Verbindung zum Partner herstellen kann; indem man einander ausdrückt, wo man sich gerade befindet. Wichtig ist aber vor allem das Schlagen der Brücke selber, der Wunsch, immer wieder in Beziehung treten, den Kontakt im Hinblick auf etwas Gemeinsames hin aufnehmen zu wollen. Zu einem Walfisch hin kann man jedoch kaum Brücken schlagen. Damit Brücken entstehen

können, muß man den ganzen Staub und die Spinnweben opfern. Alles Versponnene, alle gesponnenen Brücken – auch Spinnweben könnte man sehen unter dem Aspekt des Brückenhaften –, alle Fäden, in denen man sich verfangen könnte, müssen geopfert werden. Spinnfäden haben sehr viel zu tun mit Phantasien, mit etwas «zusammenspinnen», und da die Maya die große Spinnerin ist, natürlich auch mit Schicksal. Jetzt ist es aber Zeit, selbst, bewußt und aktiv, das Leben in die Hand zu nehmen.
Aber noch immer steht diese Verwandlungstätigkeit unter dem großen Motiv der subalternen Tätigkeit des «Untendurch-Müssens». Wie denn ja dieses Putzen recht eigentlich eine Schattenbearbeitung ist, und zwar des Schattens, den man wirklich wegkehren kann.
Die Beziehung zur Schwester bewirkt Schritt für Schritt, daß der erotische Bereich von Tilio und dem König verschönert und ausgebaut werden kann; gleichzeitig ist dieser Vorgang aber auch der Erlösungsprozeß für die Schwester.
Als drittes wollen die Hexen auch Quellen, Flüsse und Fische im Garten haben. – Quellen und Flüsse sind Symbole für emotionelles Strömen, für Lebendigkeit, für immer wieder hervorquellenden Überfluß, für den Reichtum an Lebendigem – statt des Reichtums an Goldes. Mit den Fischen ist auch Nährendes in diesen Strömen angedeutet: mit dem Wasser ist zugleich die Möglichkeit gegeben, daß nicht wieder der ganze Garten verdorrt.
Jetzt ist ja fast so etwas wie ein Paradiesgärtlein geschaffen, und die Erlösung kann stattfinden. Die Schwester springt aus dem Walfisch und muß aufgefangen werden. Mit einem Sprung kann sie sich nun retten – sie springt sozusagen ins gewöhnliche Leben hinein. Sie muß aber aufgefangen werden, sonst geriete sie in den Walfisch zurück. Man darf der Schwester auch nicht mehr erlauben, in den Wal-

fisch zurückzukehren. Das Beziehungsverhalten ihr gegenüber muß ein liebevoll «zupackendes» sein. Sie muß das Gefühl haben, daß sie gemeint und gewollt ist und sich nicht so leicht aus dem Beziehungsgeflecht hinausschleichen kann.

Jetzt muß die Beziehung gelebt werden. Der König und die Schwester des Tilio heiraten nun auch.

Man fragt sich natürlich, warum eigentlich Tilio alles für den König macht. Tilio handelt als Bruder und profitiert wohl auch; der Garten des Königs ist bestimmt auch sein Garten. Während der Bruder seine Schwester aus dieser verhexten, durch den Tod der Mutter und des Vaters zusätzlich erschwerten Beziehungsproblematik herauslockt, kultiviert er seine eigenen erotischen Möglichkeiten. Für Tilio brächte die Entwicklung, daß er seine Schwester und damit die Frau ganz allgemein nicht mehr so ideal sehen muß. Was zuvor Gold und Weizenkörner darstellen, zeigt sich jetzt als neues Lebensgefühl in den Beziehungen zu Menschen. Er hat keine Muttergöttin mehr und braucht auch keine mehr, er hat jetzt einen blühenden Garten; was Größenphantasie war, ist jetzt umgewandelt in die Möglichkeit, lebendig und fühlend leben zu können.

Für die Schwester bedeutet die Erlösung, daß sie noch einmal und zum erstenmal wirklich geboren ist, ins gewöhnliche Leben hinein – in eine erotische Beziehung hinein; losgelöst von der Mutter und vom Mütterlichen, aus dem sie sich allerdings mit einem Sprung, einer kraftvollen Entscheidung wohl, hat retten müssen. Sie muß dadurch nicht mehr im Spannungsfeld von Größenidee und Depression leben, hat allerdings auch an Größe verloren, aber an Leben gewonnen, und sie kann Beziehungen eingehen.

Man kann – noch symbolischer – auch Tilio als das Brüderliche im König sehen, als das Brüderliche im Manne,

das der Frau, die weit vom Manne entfernt war, hilft, sich langsam, ihrem Rhythmus angemessen, in eine volle Beziehung hineinzuentwickeln, besonders in einem Fall wie diesem, wo ja wirklich ein Fluch über dieser Frau lag.
Es bleibt eine gegenseitige Entwicklung: So betrachtet zeigt das Märchen natürlich auch, wie wichtig es ist, daß die Frau dem Manne schwesterlich begegnet, damit er dadurch auch seinen Garten, den Raum des Erotischen, gestalten kann, und daß erst dann eine volle Liebesbeziehung möglich wird.
Die Hexen werden auf dem Scheiterhaufen verbrannt. Sie haben ihre Funktion erfüllt; sie haben nämlich den ganzen Entwicklungsprozeß vorangetrieben. Müssen sie verbrannt werden? Man kann diese Verbrennung so verstehen, daß der Hexenaspekt dieser Epoche eliminiert werden kann. Die Beziehung war verhext, bis Mann und Frau zusammen Raum für den Eros geschaffen haben.
Ich mag diese Hexenverbrennungen nicht. Auch meine ich, daß wir heute eine andere Denkweise haben können und müssen als die Menschen jener Zeit, in der dieses Märchen entstanden ist: Wir können das Böse nicht mehr einfach eliminieren, abspalten, können überhaupt nicht mehr einfach eine Polarität, wo immer sie sich zeigt, verdrängen, wir müssen vielmehr das Zusammenspiel der Polaritäten bedenken, aushalten und uns überlegen, was dieses Zusammenspiel jeweils von uns will.

DER EISENHANS

Es war einmal ein König, der hatte einen großen Wald bei seinem Schloß, darin lief Wild aller Art herum. Zu einer Zeit schickte er einen Jäger hinaus, der sollte ein Reh schießen, aber er kam nicht wieder. «Vielleicht ist ihm ein Unglück zugestoßen», sagte der König und schickte den folgenden Tag zwei andere Jäger hinaus, die sollten ihn aufsuchen, aber die blieben auch weg. Da ließ er am dritten Tag alle seine Jäger kommen und sprach «streift durch den ganzen Wald und laßt nicht ab, bis ihr sie alle drei gefunden habt». Aber auch von diesen kam keiner wieder heim, und von der Meute Hunde, die sie mitgenommen hatten, ließ sich keiner wieder sehen. Von der Zeit an wollte sich niemand mehr in den Wald wagen, und er lag da in tiefer Stille und Einsamkeit, und man sah nur zuweilen einen Adler oder Habicht darüber hinfliegen. Das dauerte viele Jahre, da meldete sich ein fremder Jäger bei dem König, suchte eine Versorgung und erbot sich, in den gefährlichen Wald zu gehen. Der König aber wollte seine Einwilligung nicht geben und sprach «es ist nicht geheuer darin, ich fürchte, es geht dir nicht besser als den andern, und du kommst nicht wieder heraus». Der Jäger antwortete «Herr, ich wills auf meine Gefahr wagen: von Furcht weiß ich nichts».
Der Jäger begab sich also mit seinem Hund in den Wald. Es dauerte nicht lange, so geriet der Hund einem Wild auf die Fährte und wollte hinter ihm her: kaum aber war er ein paar Schritte gelaufen, so stand er vor einem tiefen Pfuhl, konnte nicht weiter, und ein nackter Arm streckte sich aus dem Wasser, packte ihn und zog ihn hinab. Als der Jäger das sah, ging er zurück und holte drei Männer, die mußten mit Eimern kommen und das Wasser ausschöpfen. Als sie auf den Grund sehen konnten, so lag da ein wilder Mann, der braun am Leib war wie rostiges Eisen und dem die Haare über das Gesicht bis zu den Knien herabhingen. Sie banden ihn mit Stricken und führten ihn fort in das Schloß. Da war große Verwunderung über den wilden Mann, der König aber ließ ihn in einen eisernen Käfig auf seinen Hof setzen und ver-

bot bei Lebensstrafe, die Türe des Käfigs zu öffnen, und die Königin mußte den Schlüssel selbst in Verwahrung nehmen. Von nun an konnte ein jeder wieder mit Sicherheit in den Wald gehen.

Der König hatte einen Sohn von acht Jahren, der spielte einmal auf dem Hof, und bei dem Spiel fiel ihm sein goldener Ball in den Käfig. Der Knabe lief hin und sprach «gib mir meinen Ball heraus». «Nicht eher», antwortete der Mann, «als bis du mir die Türe aufgemacht hast.» «Nein», sagte der Knabe, «das tue ich nicht, das hat der König verboten», und lief fort. Am andern Tag kam er wieder und forderte seinen Ball: der wilde Mann sagte «öffne meine Türe», aber der Knabe wollte nicht. Am dritten Tag war der König auf die Jagd geritten, da kam der Knabe nochmals und sagte «wenn ich auch wollte, ich kann die Türe nicht öffnen, ich habe den Schlüssel nicht». Da sprach der wilde Mann «er liegt unter dem Kopfkissen deiner Mutter, da kannst du ihn holen». Der Knabe, der seinen Ball wiederhaben wollte, schlug alles Bedenken in den Wind und brachte den Schlüssel herbei. Die Türe ging schwer auf, und der Knabe klemmte sich den Finger. Als sie offen war, trat der wilde Mann heraus, gab ihm den goldenen Ball und eilte hinweg. Dem Knaben war angst geworden, er schrie und rief ihm nach «ach, wilder Mann, geh nicht fort, sonst bekomme ich Schläge». Der wilde Mann kehrte um, hob ihn auf, setzte ihn auf seinen Nacken und ging mit schnellen Schritten in den Wald hinein. Als der König heimkam, bemerkte er den leeren Käfig und fragte die Königin, wie das zugegangen wäre. Sie wußte nichts davon, suchte den Schlüssel, aber er war weg. Sie rief den Knaben, aber niemand antwortete. Der König schickte Leute aus, die ihn auf dem Felde suchen sollten, aber sie fanden ihn nicht. Da konnte er leicht erraten, was geschehen war, und es herrschte große Trauer an dem königlichen Hof.

Als der wilde Mann wieder in dem finstern Wald angelangt war, so setzte er den Knaben von den Schultern herab und sprach zu ihm «Vater und Mutter siehst du nicht wieder, aber ich will dich bei mir behalten, denn du hast mich befreit, und ich habe Mitleid mit dir. Wenn du alles tust, was ich dir sage, so sollst du's gut haben. Schätze und Gold habe ich genug und mehr als jemand in der Welt». Er machte dem Knaben ein Lager von Moos, auf dem er einschlief, und am andern Morgen führte ihn der Mann zu einem Brunnen und sprach «siehst du, der Goldbrunnen ist hell und klar wie Kristall: du sollst dabeisitzen und achthaben, daß nichts hineinfällt, sonst ist er verunehrt. Jeden Abend komme ich und sehe, ob du mein Gebot befolgt hast». Der Knabe setzte sich an den Rand des Brunnens, sah, wie manchmal ein goldner Fisch, manchmal eine goldne Schlange sich darin zeigte, und hatte acht, daß nichts hineinfiel. Als er so saß, schmerzte ihn einmal der Finger so heftig, daß er ihn unwillkürlich in das Wasser steckte. Er zog ihn schnell wieder heraus, sah aber, daß er ganz vergoldet war, und wie große Mühe er sich gab, das Gold wieder abzuwischen, es war alles vergeblich. Abends kam der Eisenhans zurück, sah den Knaben an und sprach «was ist mit dem Brunnen geschehen?» «Nichts, nichts», antwortete er und hielt den Finger auf den Rücken, daß er ihn nicht sehen sollte. Aber der Mann sagte «du hast den Finger in das Wasser getaucht: diesmal mags hingehen, aber hüte dich, daß du nicht wieder etwas hineinfallen läßt». Am frühsten Morgen saß er schon bei dem Brunnen und bewachte ihn. Der Finger tat ihm wieder weh, und er fuhr damit über seinen Kopf, da fiel unglücklicherweise ein Haar herab in den Brunnen. Er nahm es schnell heraus, aber es war schon ganz vergoldet. Der Eisenhans kam und wußte schon, was geschehen war. «Du hast ein Haar in den Brunnen fallen lassen», sagte er, «ich will dirs noch einmal nachsehen, aber wenns zum drittenmal geschieht, so ist der Brunnen entehrt, und du kannst nicht länger bei mir bleiben.» Am dritten Tag saß der Knabe am Brunnen und bewegte den Finger nicht, wenn er ihm noch so weh tat. Aber die Zeit ward ihm lang, und er betrachtete sein Angesicht, das auf dem Wasserspiegel stand. Und als er sich dabei immer mehr beugte und sich recht in die Augen sehen wollte, so fielen ihm seine langen Haare von den Schultern herab in das Wasser. Er richtete sich schnell in die Höhe, aber das ganze Haupthaar war schon vergoldet und glänzte wie eine Sonne. Ihr könnt denken, wie der arme Knabe erschrak. Er nahm sein Taschentuch und band es um den Kopf, damit es der Mann nicht sehen sollte. Als er kam, wußte er schon alles und sprach «binde das Tuch auf». Da quollen die goldenen Haare hervor, und der Knabe mochte sich entschuldigen, wie er wollte, es half ihm nichts. «Du hast die Probe nicht bestanden und kannst nicht länger hier bleiben. Geh hinaus in die Welt, da wirst du erfahren, wie die Armut tut. Aber weil du kein böses Herz hast und ichs gut mit dir meine, so will ich dir eins erlauben: wenn du in Not gerätst, so geh zu dem Wald und rufe ‹Eisenhans›, dann will ich kommen und dir helfen. Meine Macht ist groß, größer als du denkst, und Gold und Silber habe ich im Überfluß.»

Da verließ der Königssohn den Wald und ging über gebahnte und ungebahnte Wege immerzu, bis er zuletzt in eine große Stadt kam. Er suchte da Arbeit, aber er konnte keine finden und hatte auch nichts erlernt, womit er sich hätte forthelfen können. Endlich ging er in das Schloß und fragte, ob sie ihn behalten wollten. Die Hofleute wußten nicht, wozu sie ihn brauchen sollten, aber sie hatten Wohlgefallen an ihm und hießen ihn bleiben. Zuletzt nahm ihn der Koch in Dienst und sagte, er könnte Holz und Wasser tragen und die Asche zusammenkehren. Einmal, als gerade keine anderer zur Hand war, hieß ihn der Koch die Speisen zur königlichen Tafel tragen, da er aber seine goldenen Haare nicht wollte sehen lassen, so behielt er sein Hütchen auf. Dem König war so etwas noch nicht vorgekommen, und er sprach «wenn du zur königlichen Tafel kommst, mußt du deinen Hut abziehen». «Ach Herr», antwortete er, «ich kann nicht, ich habe einen bösen Grind auf dem Kopf.» Da ließ der König den Koch herbeirufen, schalt ihn und fragte, wie er einen solchen Jungen hätte in seinen Dienst nehmen können; er sollte ihn gleich fortjagen. Der Koch aber hatte Mitleiden mit ihm und vertauschte ihn mit dem Gärtnerjungen. Nun mußte der Junge im Garten pflanzen und begießen, hacken und graben und Wind und böses Wetter über sich ergehen lassen. Einmal im Sommer, als er allein im Garten arbeitete, war der Tag so heiß, daß er sein Hütchen abnahm und die Luft ihn kühlen sollte. Wie die Sonne auf das Haar schien, glitzte und blitzte es, daß die Strahlen in das Schlafzimmer der Königstochter fielen und sie aufsprang, um zu sehen, was das wäre. Da erblickte sie den Jungen und rief ihn an «Junge, bring mir einen Blumenstrauß». Er setzte in aller Eile sein Hütchen auf, brach wilde Feldblumen ab und band sie zusammen. Als er damit die Treppe hinaufstieg, begegnete ihm der Gärtner und sprach «wie kannst du der Königstochter einen Strauß von schlechten Blumen bringen? Geschwind hole andere und suche die schönsten und seltensten aus». «Ach nein», antwortete der Junge, «die wilden riechen kräftiger und werden ihr besser gefallen.» Als er in ihr Zimmer kam, sprach die Königstochter «nimm dein Hütchen ab, es ziemt sich nicht, daß du ihn vor mir aufbehältst». Er antwortete wieder «ich darf nicht, ich habe einen grindigen Kopf». Sie griff aber nach dem Hütchen und zog es ab, da rollten seine goldenen Haar auf die Schultern herab, daß es prächtig anzusehen war. Er wollte fortspringen, aber sie hielt ihn am Arm und gab ihm eine Handvoll Dukaten. Er ging damit fort, achtete aber des Goldes nicht, sondern er brachte es dem Gärtner und sprach «ich schenke es deinen Kindern, die können damit spielen». Den andern Tag rief ihm die Königstochter abermals zu, er sollte ihr einen Strauß Feldblumen bringen, und als er damit eintrat, grapste sie gleich nach seinem Hütchen und wollte es ihm wegnehmen, aber er hielt es mit beiden Händen fest. Sie gab ihm wieder eine Handvoll Dukaten, aber er wollte sie nicht behalten und gab sie dem Gärtner zum Spielwerk für seine Kinder. Den dritten Tag gings nicht anders, sie konnte ihm sein Hütchen nicht wegnehmen, und er wollte ihr Gold nicht.

Nicht lange danach ward das Land mit Krieg überzogen. Der König sammelte sein Volk und wußte nicht, ob er dem Feind, der übermächtig war und ein großes Heer hatte, Widerstand leisten könnte. Da sagte der Gärtnerjunge «ich bin herangewachsen und will mit in den Krieg ziehen, gebt mir nur ein Pferd». Die andern lachten und sprachen «wenn wir fort sind, so suche dir eins: wir wollen dir eins im Stall zurücklassen». Als sie ausgezogen waren, ging er in den Stall und zog das Pferd heraus; es war an einem Fuß lahm und hickelte hunkepuus, hunkepuus. Dennoch setzte er sich auf und ritt fort nach dem dunkeln Wald. Als er an den Rand desselben gekommen war, rief er dreimal «Eisenhans» so laut, daß es durch die Bäume schallte. Gleich darauf erschien der wilde Mann und sprach «was verlangst du?» «Ich verlange ein starkes Roß, denn ich will in den Krieg ziehen.» «Das sollst du haben und noch mehr, als du verlangst.» Dann ging der wilde Mann in den Wald zurück, und es dauerte nicht lange, so kam ein Stallknecht aus dem Wald und führte ein Roß herbei, das schnaubte aus den Nüstern und war kaum zu bändigen. Und hinterher folgte eine große Schar Kriegsvolk, ganz in Eisen gerüstet, und ihre Schwerter blitzten in der Sonne. Der Jüngling übergab dem Stallknecht sein dreibeiniges Pferd, bestieg das andere und ritt vor der Schar her. Als er sich dem Schlachtfeld näherte, war schon ein großer Teil von des Königs Leuten gefallen, und es fehlte nicht viel, so mußten die übrigen weichen. Da jagte der Jüngling mit seiner eisernen Schar heran, fuhr wie ein Wetter über die Feinde und schlug alles nieder, was sich ihm widersetzte. Sie wollten fliehen, aber der Jüngling saß ihnen auf dem Nacken und ließ nicht ab, bis kein Mann mehr übrig war. Statt aber zu dem König zurückzukehren, führte er seine Schar auf Umwegen wieder zu dem Wald und rief den Eisenhans heraus. «Was verlangst du?» fragte der wilde Mann. «Nimm dein Roß und deine Schar zurück und gib mir mein dreibeiniges Pferd wieder.» Es geschah alles, was er verlangte, und er ritt auf seinem dreibeinigen Pferd heim. Als der König wieder in sein Schloß kam, ging ihm seine Tochter entgegen und wünschte ihm Glück zu seinem Sieg. «Ich bin es nicht, der den Sieg davongetragen hat», sprach er, «sondern ein fremder Ritter, der mir mit seiner Schar zu Hilfe kam.» Die Tochter wollte wissen, wer der fremde Ritter wäre, aber der König wußte es nicht und sagte «er hat die Feinde verfolgt, und ich habe ihn nicht wieder gesehen». Sie erkundigte sich bei dem Gärtner nach seinem Jungen; der lachte aber und sprach «eben ist er auf seinem dreibeinigen Pferd heimgekommen, und die andern haben gespottet und gerufen ‹da kommt unser Hunkepuus wieder an›. Sie fragten auch ‹hinter welcher Hecke hast du derweil gelegen und geschlafen?› Er sprach aber ‹ich habe das Beste getan, und ohne mich wäre es schlecht gegangen›. Da ward er noch mehr ausgelacht».

Der König sprach zu seiner Tochter «ich will ein großes Fest ansagen lassen, das drei Tage währen soll, und du sollst einen goldenen Apfel werfen: vielleicht kommt der Unbekannte herbei». Als das Fest verkündet war, ging der Jüngling hinaus zu dem Wald und rief den Eisenhans. «Was verlangst du?» fragte er. «Daß ich den goldenen Apfel der Königstochter fange.» «Es ist so gut, als hättest du ihn schon», sagte Eisenhans, «du sollst auch eine rote Rüstung dazu haben und auf einem stolzen Fuchs reiten.» Als der Tag kam, sprengte der Jüngling heran, stellte sich unter die Ritter und ward von niemand erkannt. Die Königstochter trat hervor und warf den Rittern einen goldenen Apfel zu, aber keiner fing ihn als er allein; aber sobald er ihn hatte, jagte er davon. Am zweiten Tag hatte ihn Eisenhans als weißen Ritter ausgerüstet und ihm einen Schimmel gegeben. Abermals fing er allein den Apfel, verweilte aber keinen Augenblick, sondern jagte damit fort. Der König ward bös und sprach «das ist nicht erlaubt, er muß vor mir erscheinen und seinen Namen nennen». Er gab den Befehl, wenn der Ritter, der den Apfel gefangen habe, sich wieder davonmachte, so sollte man ihm nachsetzen, und wenn er nicht gutwillig zurückkehrte, auf ihn hauen und stechen. Am dritten Tag erhielt er vom Eisenhans eine schwarze Rüstung und einen Rappen und fing auch wieder den Apfel. Als er aber damit fortjagte, verfolgten ihn die Leute des Königs, und einer kam ihm so nahe, daß er mit der Spitze des Schwertes ihm das Bein verwundete. Er entkam ihnen jedoch, aber sein Pferd sprang so gewaltig, daß der Helm ihm vom Kopf fiel, und sie konnten sehen, daß er goldene Haare hatte. Sie ritten zurück und meldeten dem König alles.

Am andern Tag fragte die Königstochter den Gärtner nach seinem

Jungen. «Er arbeitet im Garten; der wunderliche Kauz ist auch bei dem Fest gewesen und erst gestern abend wiedergekommen; er hat auch meinen Kindern drei goldene Äpfel gezeigt, die er gewonnen hat.» Der König ließ ihn vor sich fordern, und er erschien und hatte wieder sein Hütchen auf dem Kopf. Aber die Königstochter ging auf ihn zu und nahm es ihm ab, und da fielen seine goldenen Haare über die Schultern, und es war so schön, daß alle erstaunten. «Bist du der Ritter gewesen, der jeden Tag zu dem Fest gekommen ist, immer in einer andern Farbe, und der die drei goldenen Äpfel gefangen hat?» fragte der König. «Ja», antwortete er, «und da sind die Äpfel», holte sie aus der Tasche und reichte sie dem König. «Wenn Ihr noch mehr Beweise verlangt, so könnt Ihr die Wunde sehen, die mir Eure Leute geschlagen haben, als sie mich verfolgten. Aber ich bin auch der Ritter, der Euch zum Sieg über die Feinde geholfen hat.» «Wenn du solche Taten verrichten kannst, so bist du kein Gärtnerjunge: sage mir, wer ist dein Vater?» «Mein Vater ist ein mächtiger König, und Goldes habe ich die Fülle und soviel ich nur verlange.» «Ich sehe wohl», sprach der König, «ich bin dir Dank schuldig, kann ich dir etwas zu Gefallen tun?» «Ja», antwortete er, «das könnt Ihr wohl, gebt mir Eure Tochter zur Frau.» Da lachte die Jungfrau und sprach «der macht keine Umstände, aber ich habe schon an seinen goldenen Haaren gesehen, daß er kein Gärtnerjunge ist», ging dann hin und küßte ihn. Zu der Vermählung kamen sein Vater und seine Mutter und waren in großer Freude, denn sie hatten schon alle Hoffnungen aufgegeben, ihren lieben Sohn wiederzusehen. Und als sie an der Hochzeitstafel saßen, da schwieg auf einmal die Musik, die Türen gingen auf, und ein stolzer König trat herein mit großem Gefolge. Er ging auf den Jüngling zu, umarmte ihn und sprach «ich bin der Eisenhans und war in einem wilden Mann verwünscht, aber du hast mich erlöst. Alle Schätze, die ich besitze, die sollen dein Eigentum sein».

In der Urfassung trägt dieses Grimmsche Märchen (10) den Titel: «Der wilde Mann», eine andere Fassung nennt sich «Der eiserne Hans». Um diesen wilden Mann geht es denn auch in diesem Märchen, um seine Wirkung und schließlich um seine Integration. Dieser wilde Mann ist aber auch ein eiserner Hans. Hans ist ein sehr gewöhnlicher Name im europäischen Märchen, ein Allerweltsname. Daß ein Hans aber eisern ist, zeigt, daß er verschiedene Aspekte in sich vereinigt: er ist ganz gewöhnlich und ganz geheimnisvoll, menschlich und außermenschlich zugleich, eine Gestalt, die in sich die Möglichkeit birgt, die Menschen, die mit ihr in Berührung kommen, über sich hinauswachsen zu lassen – im Guten oder im Bösen.

Das Eisen verweist auf den Kriegsgott Mars, verweist auf Wildheit, auf Krieg, auf Streit, aber auch auf Kraft, Aktivität, Willen zur Wandlung. Eisen ist ein unedles Metall. Umso eigentümlicher mutet an, daß dieser Eisenhans einen Goldbrunnen besitzt, also im Besitz eines sehr edlen Metalles ist.

Das ist wohl eine der Grundaussagen dieses Märchens; was da so wild, so primitiv, so kämpferisch sich gibt, es kann zu Gold werden, es kann zu großem Überfluß werden, das heißt: es kann das Leben entscheidend bereichern. Die Frage ist nur: Wie begegnet man diesem Eisenhans, wie geht man mit ihm um, daß man an seiner Fülle Anteil gewinnt, anstatt von ihm beraubt zu werden und in Angst vor ihm leben zu müssen. Das Märchen ermutigt uns, das «Eisenhänsische» in uns aufzuspüren, den Eisenhans vielleicht auch in gesellschaftlichen Situationen zu erkennen und ihm seinen Platz einzuräumen.

Versuchen wir zunächst wiederum, das Märchen auf eine Familiensituation hin zu verstehen. Zu Beginn des Märchens wird uns eine Familiensituation mit Vorgeschichte geschildert: Die Familie in sich ist unauffällig: ein Vater, eine Mutter, ein Sohn sind vorhanden. Aber da ist ein Wald mitgeschildert, als Umfeld dieser Familie, in dem die Jäger verschwinden, und keiner weiß, weshalb. Alle Jäger hat der König ausgeschickt, keiner ist zurückgekommen. Ausgerechnet die Jäger, die sich im Wald auskennen, die gezielt und zielend sich mit den Tieren des Waldes abgeben, die Menschen auch zu schützen wissen vor den Tieren, die also mit der Natur umgehen können, ihren Rhythmus kennen müssen, die dazu da sind, die Natur zu erhalten, ihnen begegnet etwas, mit dem sie nicht mehr umgehen können. Sie kommen nicht mehr zurück, und man muß annehmen, daß sie gestorben sind, zumindest verzaubert – verschwunden: Sie müßten jetzt sehr fehlen am Hofe des Königs. Der Wald liegt in «tiefer Stille und Einsamkeit» da, niemand wagt sich mehr hinein.

Der Wald, der soviel Leben birgt, so viel Nahrung gibt, Dunkles verbirgt, aber auch entbirgt – er darf nicht mehr betreten werden. Ein Bereich des Lebens, der mit dem Wachsen der Natur, mit den Früchten der Natur, aber auch mit den Tieren zu tun hat, uns also mit allem Vegetativen, wild Wuchernden, mit dem Tierischen in Zusammenhang bringt, muß vom Leben ausgeschlossen werden. Und er dürfte schmerzlich vermißt werden. Zuweilen sieht man einen Adler oder einen Habicht darüber hinwegfliegen. Ist das ein Zeichen dafür, daß noch Leben im Wald ist, ein Hinweis auf diesen vom Leben ausgesparten Bezirk, von dem eine unheimliche Stille ausgeht?

Viele Jahre dauert es, bis ein Jäger kommt, der sich mit dem Geheimnis des Waldes einlassen will, der offenbar gerüstet ist, damit umzugehen. Wir wissen wenig von ihm, nur, daß er von Furcht nichts weiß. Er ist von der ängstlich-gelähmten Stimmung nicht betroffen und lüftet das Geheimnis: Aus einem tiefen Pfuhl holen sie den wilden Mann heraus, braun am Leib wie rostiges Eisen, mit Haaren bis zu den Knien. Der hatte jeweils die Hand aus dem Pfuhl gesteckt und zu sich heruntergezogen, was sich dem Pfuhl näherte.

Das Märchen beschreibt den Mann so, daß sich wirklich die Frage stellt, ob das, was hier gefunden wurde, ein

Mensch ist oder ein Tier. Braun ist er, wie rostiges Eisen. Braun ist die Farbe der Erde, und obwohl der Mann im Pfuhl sitzt, eigentlich ein Wassermann ist, ist er doch auch der Erde verwandt. Die langen Haare weisen einerseits auf seine Wildheit hin – er ist unzivilisiert, anderseits aber zeugen Haare auch von Kraft, von ungebändigter Kraft (Simson), im körperlichen, aber auch im erotischen Sinne, also von einer ungeheuren Energie. Diese Energie war bisher nur destruktiv in Erscheinung getreten: Der wilde Mann hatte alles, was er zu fassen bekam, in seinen Pfuhl hinabgezogen. – Ein sehr stimmiges Bild für einen abgespaltenen Komplex mit seiner Dynamik: ein Problem wird verdrängt, verliert die Beziehung zum alltäglichen Leben, wird als Stimmung dennoch erlebt, hier als destruktive Stimmung, und Lebensimpulse werden allzuleicht von ihm «verschlungen», kommen abhanden. Angst breitet sich aus. Indem der Eisenhans gefunden ist, wird klar, was hinter diesem Problem steckt, ein Bild für das Problem ist gefunden, noch aber ist sein Geheimnis nicht aufgedeckt; so wie wir manchmal etwa einen Komplex schon benennen können, ohne das Geheimnis und die verschiedenen Bilder, die mit ihm verbunden sind, zu erleben und zu verstehen. Immerhin ist dann der Kontakt zum Komplex hergestellt, eine erste Möglichkeit, mit ihm überhaupt ins Gespräch zu kommen und Gelegenheit zu erhalten, das Problem sich ausphantasieren zu lassen.

Was aber erhofft sich der König vom «gefaßten» Eisenhans? Offenbar hat er die Absicht, den Eisenhans lebenslänglich an seinem Hof gefangen auszustellen. Hofft er, durch Einsperren, durch Gewalt das Problem lösen zu können? Oder hofft er, von diesem wilden Mann ein Geheimnis zu erfahren, vielleicht gar Einblick in die Zukunft zu erhalten? Jedenfalls kann nun jedermann wieder sicher in den Wald gehen. Vorübergehend ist das Problem gelöst, der Lebensraum ist wiederum ausgeweitet, der ganze Raum des Waldes ist wieder zugänglich, ungefährlich: emotionell erfahrbar als Raum des stillen Wachsens, des natürlichen Wachsens, wo vieles auch überwuchert, wo Tiere angetroffen werden, wo also verschiedene Tierseiten in uns angesprochen werden. Das Problem ist nun isoliert worden und kann jetzt angegangen werden.

Wer ist der wilde Mann? Ursprünglich waren die wilden Männer riesige Waldmenschen, vermutlich Personifikationen eines Vegetationsgottes. In Basel ist es üblich, im Frühjahr ein mit Tannengrün geschmücktes Schiff den Rhein hinabfahren zu lassen, auf dem sich eine vermummte Gestalt, ein wilder Mann, befindet (11). Aber auch die Silvesterkläuse im Appenzellerland sind in Tannenreiser gehüllt, sie stellen Vegetationsgötter dar, sollen den Winter vertreiben und dem Frühling helfen, Einzug zu halten. Auch Mars war ursprünglich ein italischer Bauerngott, zu dem man um Wachstum betete. Hinter diesem wilden Mann steckt einmal die wild aufbrechende Kraft des Frühlings, das neue Leben. Diese Vegetationsgötter sind häufig auch Brunnen- und Baumgeister, also dem weiblichen Quellbereich der Erde verbunden (da wo der Überfluß der Erde sich auf die Erde ergießt und zum Wachstum anregt, was im Keim vorhanden ist). Überhaupt sind die geschmückten Schiffe wohl zu vergleichen mit den von Katzen gezogenen Wagen der nordischen Fruchtbarkeitsgöttin Freya (11).

Laiblin weist nach, daß diese Vegetationsgötter oft geköpft werden müssen, damit eine neue Vegetationsperiode eingeleitet werden kann. Das Alte muß sterben, das Neue muß auferstehen. In unserem Märchen ist von Köpfen nicht die Rede, um Wandlung geht es gleichwohl.

Im Bild des wilden Mannes verdichten sich die Erfahrungen des Menschen mit den Vegetationsgöttern, mit einer Urlebenskraft, mit der Angst, daß diese Urlebenskraft ausbleibt, daß kein Frühling mehr stattfindet – Frühling jetzt sehr weit verstanden. Diese Urlebenskraft wird aber auch erlebt als Vitalität, als Emotionalität, beglückend, beängstigend; hier im Märchen eher beängstigend, weil zu lange offenbar nicht dem lebendigen Leben verbunden.
Aber nicht nur das Bild des Vegetationsgottes steckt hinter dem Eisenhans: In verschiedenen französischen Versionen (12) wird der Eisenhans Merlin genannt (z. B. Georgic et Merlin). Merlin, der im Artus- und im Gralszyklus die Gestalt ist, die hinter allen Entwicklungen und Verwicklungen steht, er, der Zauberer, der Lehrer, der Seelenführer, er wohnt im Zauberwald – wer in diesen Wald gerät, verirrt sich, ist immer wieder vom Tod bedroht, wer sich aber diesen Gefahren gewachsen weiß, der verläßt diesen Wald als ein Gewandelter, als einer, der dem Tod ins Auge gesehen hat, als ein Wiedergeborener. Merlin ist der Meister der Wildnis, aber er ist auch der Begründer der Tafelrunde, er schickt die Ritter auf die Suche nach dem Gral. Als Meister des Waldes einerseits, Magier und Zauberer, der um Zusammenhänge weiß, die anderen verborgen bleiben, als der Meister auch, der nach dem Gral ausschickt und also dazu anstiftet, den verborgenen Sinn hinter allen Dingen, den Geist, zu finden, verkörpert Merlin den Geist der Natur.
Versuchen wir, Merlin als eine innere Figur zu verstehen, dann wäre er die Personifikation der imaginativen Fähigkeit des Menschen, gepaart mit einem großen Vertrauen in diese Fähigkeiten, die mit den Rhythmen der Natur in Übereinstimmung sind. Merlin hat sich – nach dem Sagenzyklus – in den Wald zurückgezogen, nach einer an-

dern Version ist er von einem wunderschönen Mädchen Viviane gebannt, weil er in seiner Liebe zu ihr sie das Zaubern lehrte, bis sie ihn festbannen konnte.

Im wilden Mann – so legen es die französischen Parallelen nahe – könnte auch ein Aspekt des Merlinischen verborgen sein, wobei ein wesentliches Thema, das sich durch den Merlinzyklus zieht, das Thema der Aggression und des angemessenen Umgangs mit ihr ist. Aber ebensosehr auch das Thema des Seherischen, dessen, daß man eine Imagination haben muß, der man nachleben kann.

Ein letzter Aspekt des wilden Mannes: Wassergötter, Dämonen kennen die Zukunft, und sie werden oft gefesselt, damit man sich von ihnen ein Orakel erpressen kann. Am bekanntesten ist wohl die Geschichte des König Midas, der den Silen im Weinrausch – Wasserdämonen haben oft Weinräusche – gefangennahm. Er mußte dem König – gezwungenermaßen – ein Lied singen über den Ursprung und die Beschaffenheit der Welt (13).

Das Orakel beschäftigt sich also nicht mit einem persönlichen Problem und dessen Lösung, sondern mit dem Erschauen der ganz großen Zusammenhänge des Lebens und des Todes, regt also an, persönliche Probleme in Verbindung mit den ganz großen Zusammenhängen des Menschseins zu sehen; aus dieser veränderten Perspektive bieten sich dann Lösungen an. Die Geschichte von König Midas gleicht unserem Märchenmotiv.

Aber sind nicht alle diese Bilder, die hinter dem wilden Mann stecken, die schon immer hinter dem wilden Mann gesehen wurden, gegenwärtig, wo wir das Natürliche, Elementare abspalten und wo es uns dann auffordert, es zu erlösen: in den Ahnungen, die in diesen Naturkräften, in unseren heftigsten, unangepaßtesten Emotionen liegen, in der Sehnsucht, die in den körperlichsten Leidenschaften aufbricht, sich von ihnen über sich hinaustragen zu lassen in großen Imaginationen und Entwürfen?

Betrachten wir nun das Märchen unter dem Aspekt einer Familiengeschichte. Was bedeutet es, wenn in einer Familie jener wilde Mann im Wald so gefährlich geworden ist? Was bedeutet es, wenn es das hier vorliegende Familienmodell wäre, den wilden Mann so weit wie möglich wegzusperren, sei es aus der Zeitsituation heraus, sei es aufgrund eines besonderen Familienstils, der sich hier durchsetzt? Was bedeutet es vor allem für einen Knaben, der in einer solchen Umgebung zum Mann heranreifen muß?

Das Märchen gibt hier eine klare Antwort: zunächst wird der Knabe von jenem wilden Mann geraubt, ergriffen werden, aber dann kann der wilde Mann durch ihn erlöst werden.

Wir hätten eine Familie vor uns, die das Wilde, Emotionale, Triebhafte, das den tiefsten Tiefen der Menschheit, aber auch den höchsten Höhen verbunden ist, verdrängt, weil sie nicht damit umgehen kann, vielleicht hat sie es auch delegiert; aber eigentlich leben sie ganz gut damit, wenn auch abgeschnitten vom Wald, damit aber auch abgeschnitten von all jenen Qualitäten des Lebens, die mit dem Ahnungsreichen zu tun haben, auch mit dem Zwielichtigen. Am Hofe des Königs dürfte vieles «klar» gewesen sein, wie denn ja auch sein Sohn mit einer goldenen Kugel spielt, mit einem Abbild der Sonne: die Kugel rollt aber dorthin, wohin sie will. Ist die Kugel vom Gold her das Zeichen der Auserwähltheit und von ihrer Rundheit her ein Symbol der Ganzheit, ein Zeichen dafür, daß das Leben rund und ganz werden sollte, so ist sie in ihrem Rollen Ausdruck für die Eigendynamik, die eben von unserer möglichen Ganzheit ausgeht, eine Selbstorganisation, die daraufhin tendiert, die gegenwärtige Situation zu transzendieren, letztlich eben auf die mögliche Ganzheit hin. Diese dynamische Kraft steckt hinter jeder Umgestaltung, wir können sie als die Selbstorganisation oder Selbstregulation aller Systeme sehen. Mit einfachen Worten ausgedrückt: Wohin führt ihn sein Schicksal, wozu verführt es ihn?

Es führt ihn natürlich zum wilden Mann. – Und wir können uns selbst fragen, ob unser goldener Ball auch zu ihm rollt oder ob er zu etwas ganz anderem hinrollt. (Einen goldenen Ball haben wir alle, es ist jeweils nur wichtig zu wissen, wo wir ihn verloren haben. Er ist ja meistens dort, wo wir ihn am wenigsten vermuten.) So leicht ist aber dieser Ball nicht mehr wiederzubekommen: Wenn der Eisenhans dazu da war, ein Orakel von sich zu geben, dann dieses: Hol den Schlüssel unter Mutters Kopfkissen hervor und befreie mich.

Der Schlüssel zur Freiheit des wilden Mannes – und damit auch für den speziellen Lebensweg dieses Knaben, der davon gezeichnet ist, das zu leben, was zu Hause zu wenig in Beachtung gezogen wurde –, der Schlüssel liegt bei der Mutter, er muß gestohlen werden, und ein erster Tabubruch setzt ein, eine selbstverantwortliche Handlung, ein Schritt auf dem Weg des Erwachsenwerdens. Aber noch klemmt er sich den Finger dabei. Daß sich etwas Entscheidendes verändert hat, wird dem Königssohn denn auch schlagartig bewußt: wieso sonst hätte er den wilden Mann gebeten, ihn mitzunehmen? Eine drastische Ablösung findet statt: weg vom Vater, weg von der Mutter, weg aus der vertrauten Umgebung.

Auf dem Hof herrscht denn auch große Trauer – die Eltern haben ihr Kind scheinbar verloren. – Eine abrupte Ablösung, wie sie das Märchen immer wieder kennt und die so abrupt nur scheint, denn der Moment der Loslösung, wie sie sich schon lange angezeigt hat – hier ausgedrückt in der Annäherung des wilden Mannes an die Sphäre des Königshofes –, ist eben etwas Momenthaftes, ist wirklich einem Tod zu vergleichen. Und die Reaktion des Königs und der Königin ist eine angemessene – sie suchen und sind traurig.

Der Knabe selber wird informiert: Vater und Mutter sähe er nicht wieder, aber er solle es gut haben bei dem wilden Mann, den er befreit hat, auch weil dieser Mitleid mit ihm habe. Als erstes macht ihm der wilde Mann ein Lager aus Moos, auf dem der Knabe schlafen kann – wahrlich eine mütterliche Geste, dieses Lagerzubereiten. Und dann soll er den Goldbrunnen, der hell und klar ist wie Kristall, hüten und achtgeben, daß nichts hineinfalle. Nun stellt sich heraus, daß dieser Eisenhans, der zuvor in einem Pfuhl war, einen kristallklaren Goldbrunnen sein eigen nennt. Ein ungeheurer Gegensatz liegt in dem, was dem Eisenhans zugehört: der Pfuhl und der kristallklare Brunnen.

Brunnen sind im Märchen Orte, von denen aus man in ein jenseitiges Land gelangen kann. Zur Frau Holle zum Beispiel gerät man durch den Brunnen, im Brunnen sammelt sich das Wasser der Erde für die Bewässerung von Mensch und Erde, in ihm ist ein Übergang gewährleistet. In der Volkssage ist er oft gekannt als Kinderbrunnen, der «Kindliteich». In ihm wohnen die ungeborenen Kinder, aber auch die Toten. So ist der Brunnen immer auch die Verbindung zum Totenreich. Das Geheimnis von Leben und Tod wird in ihm zugänglich.

Wenn ich mich in den Knaben einfühle, der da am kristallklaren Wasser sitzt und schaut, daß auch gar nichts hineinfällt, dann empfinde ich den Teich wie einen Spiegel, der ihm aber nicht nur sein Bild zurückwirft, sondern ihn wohl mit der Tiefe verbindet. Weisheit, Wissen zu erlangen, hat immer mit Brunnen und mit Tiefe zu tun. Auch Odin ging zu Mimir an die Tiefe des Brunnens und opferte ein Auge, um weise zu werden.

Dieses Achthaben auf den Teich ist eine Form der Meditation, in der etwas, das den Knaben zentriert, das auch wunderschön ist, nicht verunreinigt werden darf; vergleichbar einer Situation, in der wir etwas sehr Schönes, ein Bild etwa, das uns Sinn vermittelt, das uns das Gefühl gibt, ganz bei uns zu sein, durch nichts, was von außen an uns herankommt, verunreinigen dürfen. In dieser Meditation aber schaut der Königssohn gleichsam seine Zukunft. Es ist jetzt nicht mehr der wilde Aspekt des wilden Mannes, der sich des Knaben bemächtigt, es ist vielmehr der seherische Aspekt, der meditative, aber auch der imaginative.

Daß es mit dem Brunnen im Märchen eine besondere Bewandtnis hat, zeigt sich daran, daß der Finger, der schmerzt, vergoldet wird. Der Brunnen kann natürlich nicht für immer rein gehalten werden. Der Eisenhans setzt ein Tabu, damit es letzten Endes übertreten wird; aber eben erst dann kann und soll es übertreten werden, wenn der Knabe auch reif dafür ist. Das ist wohl der Sinn der Tabuierung: Tabus schützen, bis wir selbständig genug sind, die Folgen des Tabubruchs auf uns zu nehmen.

Es ist vorstellbar, daß der Knabe, einmal ergriffen von dieser wilden Seite in ihm, die sicher auch mit der aufbrechenden Sexualität zu tun hat, aber auch mit der aufbrechenden Emotionalität, ein ausgesprochenes Bedürfnis hat, den Gegensatz zu dieser Seite zu leben, einem Reinheitsideal zu frönen. Wenn ich mich einerseits in den wilden Mann einfühle und ihn mir als Herrn dieser Quelle vorstelle, dann spüre ich einen ungeheuren Gegensatz zwischen der wilden, dynamischen Kraft und dieser ganz ruhigen seherischen Daseinsweise.

Diese Kräfte dürften auch auf den Königssohn wirken. Wir können diese Phase im Walde verschieden verstehen: einmal ist darin dargestellt, daß der Weg der Ablösung vom persönlichen Vater und der persönlichen Mutter dadurch erfolgt, daß ein Aufenthalt beim wilden Mann einsetzt, der in sich sowohl mütterliche als väterliche Züge vereint. Er kann verstanden werden als Mütterliches und Väterliches, das im Familiensystem ausgespart wurde, er kann aber auch verstanden werden als archetypisch Väterliches und Mütterliches, als Begegnung mit Väterlichem und Mütterlichem in ihm. Auch dieses im Zusammenhang mit dem, was in der konkreten Zeitsituation nicht gelebt wurde. Insofern kann dieser Aufenthalt im Wald als «Einweihung» verstanden werden, etwa durch einen Ahngeist, was aber bedeutet: durch Väterliches und Mütterliches in uns, das wir uns selbst geben können müssen. Das ist auch ein wesentlicher Schritt in der Ablösung: die Integration dessen, wovon man sich gelöst hat. Natürlich werden Väterliches und Mütterliches in uns geprägt sein von unseren Erlebnissen an realen Vätern und Müttern, oft gerade auch geprägt von dem, was diese nicht gelebt haben. Darin liegt dann auch der Entwicklungsanreiz.

Verstehen wir den Königssohn als Modell für einen Sohn, der sich ablösen muß, dann könnte hier in dem Märchen die Phase beschrieben sein, in der er, bald den wilden Mann markierend, allerdings mehr gezwungen denn freiwillig, bald sehr meditativ über seine Zukunft nachdenkt, indem er sich selber ergründet. So oder so werden die Eltern keine große Rolle mehr spielen.

Der wilde Mann spielt eine große Rolle, und in einem menschlichen Schicksal wäre dieser wilde Mann dann wohl projiziert auf einen Menschen oder eine Gruppe, die in sich die Qualitäten des wilden Mannes leben.

Ein 17jähriger junger Mann stammt aus einem Elternhaus, das er als sehr ordentlich beschreibt; alle waren ängstlich darauf bedacht, nie jemandem zu nahe zu treten. «Sauber», «klar», das waren Begriffe, die wichtig waren. Ohne daß es je ausgesprochen wurde, hatte der junge Mann das Gefühl, daß alles, was nicht ganz zu kontrollieren war, Angst machte. Und deshalb bemühten sich alle um Klarheit.
Er selber ging zunächst auch einen «klaren» Weg: er besuchte die Mittelschule mit guten Schulleistungen. Dann kam die Zürcher Bewegung auf. Das Wort «Eisbrecher» wurde für ihn ganz wichtig, er konnte nicht genau sagen, warum, aber das Wort wurde wie ein Schlüsselwort für seine Lebenssituation. Er machte mit bei der Bewegung, zog zu Hause aus, geriet, wie er es selber ausdrückte, «in einen wilden Sog», «da pulsierte plötzlich das Leben». Nichts mehr war da klar, sondern wild, bewegt und ein wenig chaotisch. Die Eltern waren traurig. Er versuchte, sich ihnen verständlich zu machen, ihnen zu zeigen, daß hier Emotionen in ihm aufbrachen, die er zuvor nicht gekannt hatte, höchstens als dumpfe Sehnsucht. Er konnte sich den Eltern nicht verständlich machen. Sie gaben ihn «verloren».
Die Bewegung wurde ihm endlich zu bewegt, die Unruhe zu chaotisch. Er schloß sich einer Gruppe an, die sich auch aus der Bewegung herauskristallisiert hatte – die aber meditierte, mit dem Wunsch, das Eis nicht wieder entstehen zu lassen, aber doch eine Struktur im Leben zu haben, sie wollte zu sich selbst finden. Diese Gruppe hatte die Ideale, einerseits möglichst natürlich zu leben, aber dabei auch sexuelle Enthaltsamkeit zu üben. Ihr Ziel war, das «Bewegte» ins Leben, in Beziehungen hineinzutragen, wenn sie einmal so weit wären.

Die Erlebnisse dieses jungen Mannes könnten wohl symbolisch dargestellt werden im Bild des Ergriffenseins vom Eisenhans und im Bild vom Hüten seines Goldbrunnens. Die Phase hier im Walde ist auch eine Phase des Nachreifens, eine vorübergehende. Zunächst berührt der Königssohn das Wasser nur mit dem Finger, am nächsten Tag fällt ein Haar hinein, und am dritten Tag betrachtet er sein Angesicht auf dem Wasser; er will sich in die Augen sehen, und da fallen ihm alle Haare ins Wasser und werden vergoldet. Diese Szene scheint mir zentral zu sein: er betrachtet sich selbst im Brunnen, er will sich in die Augen sehen – für mich ein Bild für Bewußtsein seiner selbst, Selbst-Bewußtsein, sich in die Augen sehen wollen und können, diesen ganz intimen Kontakt mit sich aufnehmen können, der ja auch bedeutet, daß man sich selbst annimmt, so wie man jetzt halt ist – hier ergriffen vom Eisenhans. In diesem Sich-Anschauen, In-die-Augen-Schauen, von denen wir ja sagen, daß sie auch eine Tiefe haben und insofern mit dem Brunnen korrespondieren, zeigt sich, wie die Meditation des Brunnens, die Konzentration auf den Brunnen gleichsam auch eine Konzentration auf die eigene Tiefe gewesen ist.

Dieses Kontaktaufnehmen mit sich selbst hinterläßt Spuren: Gold am Finger, goldene Haare. Der goldene Finger ist für den Fortgang des Märchens unwichtig, die goldenen Haare hingegen werden außerordentlich wichtig. Goldene Haare sind Zeichen großer Auserwähltheit, des besonderen Schicksals. Die goldene Kugel findet in den Haaren ihre Entsprechung, jetzt aber körpernaher: Was in der Kugel angedeutet war, beginnt sich als Schicksal zu realisieren.

Interessant ist, wie der wilde Mann auf den Tabubruch reagiert. Sind wir von anderen Märchen her gewohnt, daß gleich ungeheure Strafmaßnahmen eingeleitet werden – der Knabe unter Lebensgefahr fliehen muß (Die drei goldenen Äpfel, Der Wunderschimmel), oder aber bei vergleichbaren Märchen, die eine weibliche Heldin haben, etwa bei Marienkind oder bei der Schwarzen Frau, diese Schwarze Frau ihren schwarzen Schatten lange über dieses Leben hereinbrechen läßt –, so bleibt hier der Eisenhans fast freundlich. Auch daß das Tabu dreimal gebrochen werden darf, ist besonders. So wild ist dieser Eisenhans gar nicht.

Hängt die Besonderheit damit zusammen, daß der Königssohn im Brunnen sich selbst angesehen hat, also so sehr schon zu sich selbst gefunden hat, daß der Eisenhans gar nicht mehr eine so große Macht über ihn hat, also ihm auch gar nicht mehr so gefährlich werden kann? Das dürfte ein Aspekt sein. Ein anderer ist bestimmt der, daß die Ausgangssituationen der vergleichbaren Märchen, was die Familiensituation betrifft, alle viel dramatischer sind: da sind andere Notlagen, zum Beispiel sehr viele Kinder und nichts, sie zu ernähren. Dieser größeren Notlage entspricht auch eine stärkere Macht dessen, der im Walde lebt.

Der Eisenhans verfolgt ihn nicht nur nicht, er bietet ihm sogar an, ihn an seinem Überfluß an Macht und Reichtum teilhaben zu lassen, nur muß der Junge ihn jetzt verlassen.

Es scheint, als wäre mit dieser Sequenz die Erlösung des Eisenhans schon weitgehend erfolgt, das «Eisenhänsische» muß jetzt nur noch ins Leben hineingetragen werden. Das, was in einem angelegt ist, ins Leben hineinzutragen läßt sich zunächst aber nicht gerade großartig an. Und das ist auch typisch: gerade wenn man sich eine kraftvolle Vision seines Lebens gemacht hat, dann steht man damit meistens zunächst in einem Gegensatz zur Welt. Das Märchen sagt dann ja auch, daß der Königssohn nichts in der Alltagswelt Brauchbares gelernt hat und niedrige Dienste verrichten muß.

Ähnlich wie bei Allerleirauh haben wir hier das Motiv, daß der innere Reichtum verborgen wird und sogar in großer Bescheidenheit – aber wissend um seinen Reichtum – das getan wird, was erforderlich ist.

Er arbeitet als Gärtnerjunge. Er muß pflanzen und hacken, begießen und graben, er muß mit der Erde und den Pflanzen arbeiten, Symbol dafür, wie wir etwa auch unser Seelengärtlein umgraben – wenn wir es tun –, bepflanzen und begießen. Pflanzen und Blumen wecken in uns das Gefühl des Wachstums, der Schönheit, des Wachsens und des Verblühens, mit ihnen drücken wir aber auch unsere Gefühle aus. Die Arbeit im Garten kann gesehen werden als die Arbeit am Ausdruck der Gefühle, am erotischen Ausdruck. Dies wird besonders deutlich in der Begegnung mit der Königstochter: Der Gärtnerjunge zieht sein Hütchen ab, die goldenen Haare blitzen in der Sonne, die Strahlen fallen in das Schlafzimmer der Königstochter, sie erblickt den Jungen und sagt: «Junge, bring mir einen Blumenstrauß».

Ein wundervolles Bild für das Aufblitzen des Eros – sie läßt sich treffen, betreffen von diesem Strahlen, es ist ein Bild für die erotische Begegnung. Und dieser Begegnung will die Königstochter etwas Dauer verleihen, indem sie um den Blumenstrauß bittet, sie soll sichtbar werden. Der Junge, als er ihr Feldblumen bringt, sagt etwas aus über den Eros, den er zu bieten hat: die wilden Blumen riechen kräftiger, sie werden der Prinzessin besser gefallen. Sein Eros ist näher an der wilden Natur, obwohl er im Garten gearbeitet hat. Er bleibt seiner Eisenhans-Seite treu und läßt sich von ihr nicht abbringen. Seine goldenen Haare will er nicht noch einmal zeigen – es ist wohl zu früh, er würde durch sie behaftet und dadurch überfordert werden. Deshalb wohl bezeichnet er sich auch immer als Grindkopf. Damit ist wohl der äußerste Gegensatz zu den goldenen Haaren gemeint, etwas Abstoßendes, etwas, das ihn von anderen isoliert, ihm also Zeit läßt, für sich zu reifen.

Und nun setzt das Geplänkel zwischen Königstochter und Gärtnerjunge ein. Es beginnt damit, daß er die Golddukaten nicht für sich nimmt, sondern sie den Gärtnerskindern zum Spielen gibt: er kann das Gold von ihr noch nicht annehmen; faßt man die Gärtnerskinder allerdings als Per-

sönlichkeitsanteile von ihm auf, dann zeigt es sich, daß in dem Bereich, wo der Eros gepflegt wird, eben noch viele Kinder sind, und die werden durch diese erste Liebe beschenkt. Das Geplänkel geht aber weiter: sie will ihm das Hütchen vom Kopf reißen, und es gelingt ihr nicht, er wiederum will ihre Dukaten nicht. Diesem ersten Zusammenkommen mit den leuchtenden Haaren, die in ihr Schlafzimmer blitzen, folgt eine Phase, in der er sich gegen ihre Übergriffe wehrt, sich noch einmal bewahrt.
Noch ist in seinem Leben etwas zu leisten, bevor er sich mit der Königstochter verbinden kann. Dabei geht es bei allen Märchen dieses Typus darum, daß der Gärtnerjunge beweist, daß er ein Held sein kann.
Es ist Krieg – und Krieg hat im Märchen immer mit dem Aspekt zu tun, daß Gegensätze, die zuvor auch schon immer sichtbar waren, meistens wurde einer davon verdrängt, sich jetzt gegenüberstehen, daß nun eine Auseinandersetzung stattfinden kann. Wir kennen im Märchen das Heer des andern Königs nicht, wir wissen nicht, was er vertritt, es geht wohl eher um das Motiv des Sich-Wehrens, Sich-Auseinandersetzens, Sich-vor-Übergriffen-Schützens. Außerdem darf man bei diesem Märchenmotiv nie vergessen, daß hier die Ideale der Ritterzeit noch mit eine Rolle spielen, wie es sich dann ja auch in der Apfelszene zeigt. In den Kampf ziehen, das war das männliche Ideal, dahinter steckte aber die Notwendigkeit, sich wirklich dem Leben zu stellen, Herausforderungen anzunehmen. Im dreibeinigen Gaul wird wiederum der Gegensatz zwischen dem goldenen Haar und dem Grindkopf sichtbar: hat er den schlechtesten Gaul erhalten, erhält er vom Eisenhans das feurigste Pferd. Betrachtet man ihn am Hofe als Gärtnerjungen, sieht man seine goldenen Haare nicht – und er benimmt sich auch entsprechend, was einer Polari-

sierung im Selbstwertgefühl gleichkommt, wobei er seine goldenen Haare nie vergißt. Auch wenn er gering geachtet wird, er weiß um seinen Wert. So kann er denn auch sagen, daß er das Beste getan habe, daß es ohne ihn schlecht ausgegangen wäre.

Den Kampf wendet er aber zu seinen Gunsten mit dem Kriegsvolk des Eisenhans. Im «Eisenhänsischen» sind ihm also auch viele Möglichkeiten des eisernen Durchhaltens, eines Aspekts der Aggression, zugekommen, die er nach Bedarf holen, die er aber auch wieder abgeben kann; er kann also wirklich über diese kämpferischen Möglichkeiten verfügen, sie leben. Langsam realisiert sich die Eisenhansische Potenz.

Der König will ein Fest feiern, die Königstochter soll den goldenen Apfel werfen – damit soll der Unbekannte angelockt werden. Nun ist das Gold bei der Königstochter, und auch das Werben geht jetzt von ihr aus. Mir scheint, daß das Märchen auch zeigt, wie immer in einem Leben einmal die Aktivität bei dem Mann ist, dann wiederum bei der Frau: Der Rhythmus muß stimmen, dann sind auch die Schicksale im Märchen geglückt.

Der Apfel ist ein weitverbreitetes Liebessymbol, einen Apfel anbieten (im Märchen), gilt als Angebot von Liebe. Die goldenen Äpfel der Hesperiden sind die Äpfel der Unsterblichkeit und der ewigen Jugend. Darin ist ausgedrückt, daß in der Liebe, im Eros, wir ewig jung bleiben, daß er in sich auch ewig jung ist, das heißt, daß er immer wieder neu und unverbraucht aufbrechen kann.

Wiederum hilft der Eisenhans: Wenden wir uns noch den Rüstungen zu, die der Eisenhans dem Gärtnerjungen gibt, denn auch diese Rüstungen sagen noch einmal etwas aus über dieses «Eisenhänsische». Die erste Rüstung ist rot, dazu gehört ein roter Fuchs als Pferd. Die zweite Rüstung

ist weiß, der Gärtnerjunge reitet auf einem Schimmel, die dritte Rüstung ist schwarz, er reitet auf einem Rappen.
Diese drei Erscheinungsformen des Ritters zeigen drei Aspekte seines Wesens, die mit dem Eisenhans in Verbindung stehen und wohl auch ausdrücken, daß er den Eisenhans in seine Persönlichkeit integriert hat. Im roten Aufzug zeigt sich die Leidenschaftlichkeit, mit der auch Leiden verbunden ist, aber auch das Feurige, das Draufgängerische, das sehr irdisch-Triebhafte. Im weißen Aufzug sehe ich den Gegensatz dazu: die Farbe, die vielleicht dem kristallklaren Brunnen entsprechen könnte, die bestimmt den oberen Bereichen zugeordnet ist – Pferde, die den Sonnenwagen ziehen, sind weiße Pferde – es sind bestimmt auch die Pferde, die in seiner Jugend dominiert haben dürften. Das schwarze Pferd ist das Pferd, das den Totengöttern gehört – und mit dem schwarzen Aufzug drückt er aus, daß er auch im Zusammenhang mit dem Dunkeln steht, auch mit dem Tod. In jeder dieser Form erhält er einen Apfel zugeworfen – in jeder dieser Formen, mit jeder dieser Einstellung kann er Liebe erlangen.
Als schwarzer Ritter wird er verwundet; bei der Integration des «Dunklen», des Todesaspekts, aber auch des Chthonischen, wird er verwundet, ist er verwundbar, und darum erkennbar; da fällt ihm auch der Helm vom Kopf – und da wird auch sichtbar, daß er goldene Haare hat, da wird erstmals sichtbar, daß er in sich das Schwarze und das Gold trägt, Dunkel und Hell, Tag und Nacht, Weiblich und Männlich.
Aber noch immer gibt er sich als Gärtnerjunge aus, wenn er auch dem Gärtner immer alles erzählt, was ihm widerfahren ist, dem Gärtner, der eine vermittelnde Vaterfigur darstellt. Erst jetzt tritt der Junge als er selber auf, sagt, was er getan hat, bekennt sich zu seinen Werten. Die Verbin-

dung zwischen ihm und der Königstochter ist überfällig. Das Eisenhansische zeigt sich noch immer darin, daß er so gar keine Umstände macht – die Königstochter aber auch nicht.
Jetzt können die alten Eltern wieder hergeholt werden. Er hat zu seiner Autonomie gefunden, er hat sich mit dem Weiblichen verbinden können, er hat das Eisenhänsische integriert und es dadurch auch erlöst. Er kann den Eltern in einer ganz anderen Position wieder entgegentreten, jetzt können sie ihm auch nicht mehr gefährlich werden.
Beeindruckend ist, daß als letzter der erlöste Eisenhans kommt, auch als König, und dem jungen König alle seine Schätze, allen Reichtum gibt, der in ihm war und der sich auf Grund seiner Verwünschtheit als destruktive Kraft äußerte. Aus der destruktiven Kraft wurde Lebenskraft im weitesten Sinne, weil der Junge sich von ihr ergreifen ließ. Nicht bloß, daß er seine Königstochter gefunden hat, ist das Wichtigste; daß er dabei den Eisenhans erlöste, das ist darüber hinaus noch wichtig. Und das wiederum weist darauf hin, wenn wir dieses Märchen unter dem Aspekt eines Familienmärchens ansehen wollen, daß das Märchen die Reifung zum beziehungsfähigen Mann zum Thema hat, aber unter der ganz speziellen Voraussetzung, daß das Wilde, Triebhafte, Emotionale, Naturnahe in dieser Familie oder auch in der kollektiven Situation der Werte gefährlich verdrängt war. Versuchen wir, dieses Märchen oder dieses Familienmuster auch subjektstufig zu sehen: Wenn wir davon ausgehen, daß der junge Königssohn das Modell für eine Persönlichkeit darstellt, die sich selbst finden will, die leben will, was in ihm angelegt ist, dann wäre diese Persönlichkeit noch im Kindstadium, das heißt: die Elternanteile in ihm dominieren und zwar zunächst die von den eigenen Eltern geprägten. Diese Persönlichkeit

würde also bestimmt sein von dem, was der Vater und die Mutter an Werten, Haltungen und Verhaltensweisen vertreten. Der ganze Impuls nach Entwicklung und die Seiten, die von den Eltern ausgespart worden sind, konstellieren sich und machen sich zunächst als Störung bemerkbar. Diese Störung kann sichtbar gemacht werden, aber nimmt die Persönlichkeit in Beschlag: ein Komplex ist konstelliert. Eine solche Persönlichkeit würde vermutlich plötzlich ein sehr anderes Leben leben als das, das den Eltern angemessen ist; Ablösung erfolgt immer so, daß man das lebt, was zuvor im System ausgespart worden ist. Aber innerhalb der neuen Lebensweise besteht die Möglichkeit, sich auch bewußt zu werden über sich selbst. Ergriffen-Sein vom Körperlichen, Emotionalen, Triebhaften, vom Aufbrechenden und Meditation auf den eigenen Weg wird möglich; durch dieses Bewußtwerden und Akzeptieren seiner selbst kann ein neuer Lebensschritt getan werden, das Gewinnen des Weiblichen. Erst nachdem das Weibliche gewonnen ist, eine Ganzheit erreicht ist – eine vorübergehende –, die in allen Kugeln schon angedeutet war, kann der Schritt zu den Eltern wieder gewagt werden, es kann die neue Entwicklung in den Rahmen der Tradition hineingestellt werden, so daß das Neue dem Alten verbunden werden kann – Kontinuität und Wandlung auch wieder als ein Ganzes gesehen werden können.

BIBLIOGRAPHIE

1 Weitere methodische Anmerkungen zur Märcheninterpretation in: Jacoby M., Kast V., Riedel I.: Das Böse im Märchen. Bonz, Stuttgart 1978, 1980, S. 46 ff.
Kast V.: Wege aus Angst und Symbiose – Märchen psychologisch gedeutet. Walter, Olten 1982, ⁴1983.
Kast V.: Mann und Frau im Märchen. Walter, Olten 1982, ²1983.
Exemplarische Märcheninterpretationen im Sinne der Jungschen Schule bei: von Franz M.-L.: Das Weibliche im Märchen. Bonz, Stuttgart 1977.
2 Allerleirauh. Aus: Brüder Grimm, Kinder- und Hausmärchen. Winkler Weltliteratur, München 1949.
3 Scherf W.: Lexikon der Zaubermärchen. Kröner, Stuttgart 1982.
4 Perrault Ch.: Eselshaut. In: Perrault Ch.: Märchen aus alter Zeit. Melzer, Buchschlag 1976, nach dem Original von 1694.
5 Scherf W.: a. a. O., S. 5.
6 Vom Kalberlkönig. Aus: Österreichische Märchen. Hrsg. von Inge Reiffenstein. Eugen Diederichs Verlag, Köln 1979.
7 Das Erdkühlein. Aus: Deutsche Märchen vor Grimm. Hrsg. von Ch. Wesselski. Brünn/Leipzig 1983. Erzählung aus dem 2. Band der Gartengesellschaft von Martin Montanus, 1559.
8 Das Mädchen mit den goldenen Zöpfen. Aus: Märchen und Sagen aus Wälschtirol. Georg Olms, Hildesheim 1976, Erstdruck 1867.
9 Riedel I.: Farben. Kreuz Verlag, Stuttgart 1983.
10 Der Eisenhans. Aus: Brüder Grimm, Kinder- und Hausmärchen. Winkler Weltliteratur, München 1949.
11 Laiblin W.: Der wilde Mann. In: Die Neurose als psychosoziales Problem. Klett, Stuttgart 1961, S. 187–231.
12 Delarue P. et Tenèze M.-L.: Le conte populaire français. Erasme, Paris 1957, II, S. 225.
13 Ninck M.: Die Bedeutung des Wassers im Kult und Leben der Alten. Wissenschaftliche Buchgesellschaft, Darmstadt 1967, S. 175.

Weitere Bücher zum Thema beim Walter Verlag

Verena Kast
Wir sind immer unterwegs
Gedanken zur Individuation
135 Seiten mit 9 einfarbigen
Illustrationen, gebunden

Verena Kast
Liebe im Märchen
126 Seiten, Broschur

Ingried Riedel
Die weise Frau
in uralt-neuen Erfahrungen
185 Seiten, Broschur

Eugen Drewermann
Hänsel und Gretel
Grimms Märchen tiefenpsychologisch gedeutet
72 Seiten mit 4 Farbtafeln,
Pappband

Verena Kast im dtv

Verena Kast verbindet auf einfühlsame und auch für Laien verständliche Weise die Psychoanalyse C. G. Jungs mit konkreten Anregungen für ein ganzheitliches, erfülltes Leben.

Der schöpferische Sprung
Vom therapeutischen Umgang mit Krisen
dtv 35009

Imagination als Raum der Freiheit
Dialog zwischen Ich und Unbewußtem
dtv 35088

Die beste Freundin
Was Frauen aneinander haben
dtv 35091

Die Dynamik der Symbole
Grundlagen der Jungschen Psychotherapie
dtv 35106

Freude, Inspiration, Hoffnung
dtv 35116

Märcheninterpretationen

Mann und Frau im Märchen
Eine psychologische Deutung · dtv 35001
Fünf Märcheninterpretationen, ergänzt um vergleichbare Fälle aus der psychotherapeutischen Praxis

Wege zur Autonomie
dtv 35014
Fünf Märchen, die uns Entwicklungswege aus Autonomiekrisen weisen

Wege aus Angst und Symbiose
Märchen psychologisch gedeutet · dtv 35020
Innere Freiheit und Selbstentfaltung in der Beziehung zwischen Mann und Frau

Märchen als Therapie
dtv 35021
Über die heilende Funktion von Märchen in der therapeutischen Praxis

Familienkonflikte im Märchen
Eine psychologische Deutung · dtv 35034
Fünf Märchen, die verborgene Lösungsansätze enthalten, verknüpft mit Beispielen aus der Praxis

Peter Schellenbaum im dtv

»Wer sich verändern will, muß sich bewegen!«
Peter Schellenbaum

Die Wunde der Ungeliebten
Blockierung und Verlebendigung der Liebe
dtv 35015
Der Autor erläutert, wie es uns gelingen kann, unsere Liebesfähigkeit lebendig werden zu lassen.

Abschied von der Selbstzerstörung
Befreiung der Lebensenergie · dtv 35016
Peter Schellenbaum zeigt, wie der einzelne dem Teufelskreis von blockierten Gefühlen und selbstzerstörerischem Verhalten entkommen kann.

Das Nein in der Liebe
Abgrenzung und Hingabe in der erotischen Beziehung · dtv 35023
In der Liebe ist der Wunsch nach Abgrenzung notwendig für die Selbstverwirklichung.

Gottesbilder
Religion, Psychoanalyse, Tiefenpsychologie
dtv 35025
Die unterschiedlichen Gottesauffassungen von Freud und Jung werden in diesem Buch zu einer Synthese gefügt.

Tanz der Freundschaft
dtv 35067
Eine ungewöhnliche Annäherung an das Wesen der Freundschaft.

Homosexualität im Mann
Eine tiefenpsychologische Studie · dtv 35079
Homosexualität gibt es auch im heterosexuellen Mann, und umgekehrt, doch meist wird nur die eine Seite ausgelebt.

Nimm deine Couch und geh!
Heilung mit Spontanritualen · dtv 35081
Peter Schellenbaum stellt seine Therapiemethode der Psychoenergetik vor.

Aggression zwischen Liebenden
Ergriffenheit und Abwehr in der erotischen Beziehung · dtv 35109
Peter Schellenbaum zeigt, daß Aggression einen wichtigen Impuls für Erotik und Lebendigkeit in jeder Beziehung darstellt.